Geheimnisse der Kräuter- & Gewürzküche

Geheimnisse der Kräuter- & Gewürzküche

Autorin: Petra Knorr für NOVA Libra medien, Köln
Einbandgestaltung: Derek Gotzen für NOVA Libra medien, Köln
Layout & Satz: Derek Gotzen und Ulrike Jasser für NOVA Libra medien, Köln

Druck und Bindung: Reálszisztéma, Dabas

Printed in Hungary 2005

ISBN 3-89996-174-9

www.area-verlag.de

Inhalt

Einleitung

Ohne Kräuter und Gewürze wären die meisten Speisen für unsere verwöhnten Gaumen langweilig, ja zum Teil nahezu ungenießbar. Denn erst durch die Zugabe von Kraut und Würze bekommen die der Speise eigenen Aromen erst voll zur Geltung. Und ein harmonisch gewürztes Essen ist appetitlicher und wird meist durch die Würze auch besser bekömmlich. Stellen Sie sich einen Schweinebraten ohne Kümmel, Piment und Lorbeer vor. Oder ein sahniges Kartoffelpüree ohne Muskatnuss. Das wären traurige Momente für einen wahren Genießer.

Aber der richtige Umgang mit Gewürzen und Kräutern will erprobt sein. Denn die richtige Menge macht's. Gewürze verwendet man in den meisten Fällen in Prisen oder Messerspitzenmengen (Msp). Kräuter wie Rosmarin, Thymian, Oregano oder Lavendel hingegen werden zu kleinen Sträußchen gebunden (Bouquet garni) und mitgekocht. Oder als Stängel und einzelne Zweige zwischen dem zu bratenden Fleisch oder Fisch deponiert. Gewürze, die in früheren Zeiten mit Gold aufgewogen wurden, bekommen wir heute in jedem Laden, und frische Kräuter findet man in jeder Gemüseabteilung, oder man zieht sie selber auf dem Balkon, der Terrasse oder im Garten. Für den Winter werden die Kräuter in Sträußen getrocknet, anschließend in einem Leinentuch zerrieben und in luftdichte Gläser gefüllt. So kann man auch in der dunklen Jahreszeit den Sommer in die Speisen bringen.

Vorspeisen

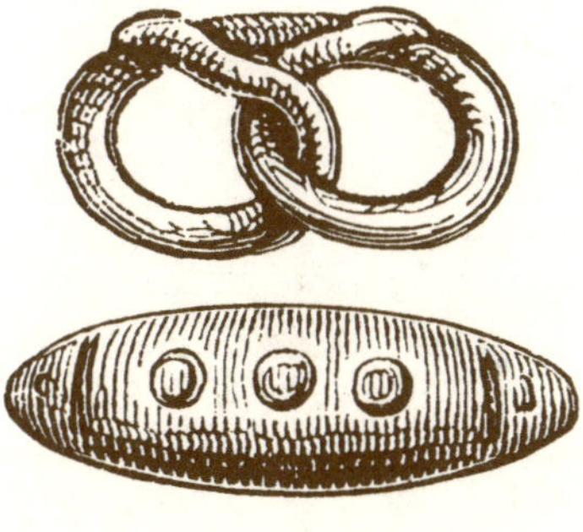

Bulgur-Salat mit frischer Minze

Für 4 Personen
Zubereitungszeit: 30 Minuten (ohne Wartezeit)

Einkaufsliste/Zutaten

120 g Bulgur
2 feste Tomaten
1 rote Zwiebel
1 Bund Frühlingszwiebeln
1 Bund Petersilie
1 Tasse frische Minzeblättchen
Saft einer Zitrone
½ Tasse Olivenöl
Schwarzer Pfeffer aus der Mühle
Salz

Garnierung

Einige Minzeblättchen

Vorküche

Den Bulgur in ein Sieb geben und mit kaltem Wasser abbrausen. Das Sieb über eine große Schüssel hängen und mit frischem kalten Wasser auffüllen. Den Bulgur etwa 1 Stunde einweichen. Danach abtropfen lassen und mit den Händen ausdrücken. Er sollte recht trocken sein. Tomaten, Zwiebel, Frühlingszwiebeln und Petersilie putzen und alles sehr klein schneiden. Die Minze hacken und einige Blättchen für die Garnierung zurückbehalten. Die Zitrone auspressen.

Zubereitung

Den Bulgur und alle anderen Zutaten in eine Schüssel füllen. Zitronensaft, Olivenöl, Pfeffer und Salz zufügen und alles gut vermischen. Abgedeckt 1 Stunde bei Zimmertemperatur ziehen lassen.

Servieren

Vor dem Servieren den Salat noch einmal umrühren und abschmecken. Mit Minzeblättchen garniert zu Tisch bringen. Dazu passt ein gesüßter schwarzer Tee.

Merkzettel

Bulgur kommt aus der orientalischen Küche und ist Weizenschrot aus Hartweizen.

Es gibt über dreißig Minzesorten. Für die Küche eignen sich besonders die Frauenminze und die Bowles Minze. Beide Sorten sind würzig, aber nicht bitter.

Kräuter-Dip mit frischem Gemüse

Für 4 Personen
Zubereitungszeit: 30 Minuten

Einkaufsliste/Zutaten

4 Möhren
2 Kohlrabi
2 rote Paprika
1 Bund Schnittlauch
1 Bund Petersilie
1 Knoblauchzehe
250 g Quark
200 g saure Sahne
Salz
Schwarzer Pfeffer aus der Mühle

Garnierung

Petersilienblättchen

Vorküche
Das Gemüse und die Kräuter waschen. Möhren und Kohlrabi schälen, Paprika halbieren, Kerne und weiße Häutchen entfernen. Schnittlauch und Petersilie fein wiegen. Knoblauch schälen.

Zubereitung
Möhren, Kohlrabi und Paprika in dünne Streifen schneiden und in Gläsern oder Schüsselchen anrichten. Den Quark mit der sauren Sahne vermischen. Herzhaft mit Salz und Pfeffer abschmecken. Die gehackten Kräuter zufügen, den Knoblauch pressen und ebenfalls zum Quark geben.

Servieren
Verteilen Sie den Kräuterquark auf 4 Portionsschälchen, verzieren Sie ihn mit Petersilienblättchen und stellen Sie die vorbereiteten Gemüsestifte auf den Tisch. Reichen Sie Servietten dazu, denn die Gemüsestifte mit dem Kräuter-Dip sind ein echtes Finger Food. Dazu passt ein gekühlter Weißwein.

Merkzettel
Wenn Sie das Gemüse schon 1 Stunde vorher zubereiten wollen, wickeln Sie es nach dem Zerschneiden in Klarsichtfolie und lagern Sie es im Gemüsefach Ihres Kühlschranks. So bleiben die Vitamine erhalten.

Harzer Käse mit Kümmel

Für 4 Personen
Zubereitungszeit: 30 Minuten (ohne Wartezeit)

Einkaufsliste/Zutaten

400 g Harzer Käse
1 Tl Kümmel
1 kleine Zwiebel
2 El Weißweinessig
3 El trockener Weißwein
3 El Sonnenblumenöl
Salz
Weißer Pfeffer aus der Mühle

Garnierung

Kümmelkörner

Vorküche

Den Harzer Käse in kleine Würfel schneiden, in eine Schüssel füllen und mit dem Kümmel vermischen. Die Zwiebel schälen und fein würfeln.

Zubereitung

Die Zwiebelwürfel und alle anderen Zutaten gut miteinander vermischen und über die Käsewürfel geben. Die Schüssel mit Klarsichtfolie verschließen und über Nacht im Kühlschrank ziehen lassen.

Servieren

Die Schüssel etwa 2 Stunden vor dem Servieren aus dem Kühlschrank nehmen und Raumtemperatur annehmen lassen. Nochmals umrühren und mit einigen Kümmelkörnern bestreuen. Reichen Sie zum Harzer Käse mit Kümmel ein kräftiges Bauernbrot und ein kühles Bier.

Merkzettel

Wer mag, kann anstelle des Weißweins auch Apfelwein verwenden.

Bruschetta

Für 4 Personen
Zubereitungszeit: 20 Minuten
Bratzeit: ca. 10 Minuten

Einkaufsliste/Zutaten

2 Knoblauchzehen
4 Tomaten
6 El Olivenöl extra vergine
4 Scheiben Bauernbrot
10 Basilikumblätter
Salz
Schwarzer Pfeffer aus der Mühle

Garnierung

Basilikumblätter

Vorküche

Den Knoblauch schälen. Die Tomaten mit heißem Wasser überbrühen, schälen, halbieren und die Kerne entfernen.

Zubereitung

3 El Olivenöl in der Pfanne erhitzen und darin das Brot von beiden Seiten knusprig braten. Aus der Pfanne nehmen und kräftig mit Knoblauch einreiben. Das Tomatenfleisch fein hacken, die Basilikumblätter in feine Streifen schneiden und mit den Tomaten vermischen. Mit Salz und Pfeffer würzen. Die Brotscheiben halbieren und mit der Tomatenpaste belegen.

Servieren

Richten Sie die Brotscheiben mit einigen Basilikumblättchen auf einer Platte an und beträufeln Sie das Brot mit dem restlichen Olivenöl. Dazu passt ein kräftiger Rotwein.

Merkzettel

Wer gerne Knoblauch isst, kann noch zusätzlich hauchdünn gehobelte Knoblauchscheiben auf die Tomaten legen.

Gekochte Eier mit Sauerampfersoße

Für 4 Personen
Zubereitungszeit: 25 Minuten
Kochzeit: 8 Minuten

Einkaufsliste/Zutaten

8 mittelgroße Eier
2 Bund Sauerampfer
1 reife Avocado
1 El Zitronensaft
200 g Crème fraîche
Salz
Schwarzer Pfeffer aus der Mühle
1 Prise Cayennepfeffer

Garnierung

Radieschenscheiben

Vorküche

Die Eier 8 Minuten fast hart kochen, abschrecken und pellen. Sauerampfer im Bund waschen und trockenschleudern.

Zubereitung

Die Avocado halbieren, den Kern entfernen und das Fruchtfleisch auskratzen. Sofort mit Zitronensaft beträufeln. Die Crème fraîche mit dem Avocadofleisch mit einer Gabel vermischen. Herzhaft mit Salz, Pfeffer und Cayennepfeffer würzen. Den Sauerampfer in feine Streifen schneiden.

Servieren

Verteilen Sie die Avocadocreme auf 4 Teller, streuen Sie darüber die Sauerampferstreifen und setzen Sie je 4 halbe Eier darauf. Mit Radieschenscheiben garnieren.

Merkzettel

Die Blätter vom Sauerampfer sind zwischen März und April am zartesten und haben, weil sie noch nicht geblüht haben, ein feines säuerliches Aroma.

Wildkräutersalat

Für 4 Personen
Zubereitungszeit: 20 Minuten

Einkaufsliste/Zutaten

1 Hand voll Gierschblätter
1 Hand voll Löwenzahnblätter
1 Hand voll Sauerampfer
1 Hand voll Tripmadam
200 g Schmand
2 El Essig
1 El Apfelessig
Salz
Weißer Pfeffer aus der Mühle

Garnierung

1 Hand voll Gänseblümchenköpfe

Vorküche

Die Wildkräuter gründlich waschen, trockenschleudern und ohne Stiele grob zerteilen.

Zubereitung

Aus Schmand, Essig, Apfelessig, Salz und Pfeffer ein Salatdressing rühren.
Auf 4 tiefe Teller verteilen und die gemischten Wildkräuter darauf anrichten.

Servieren

Vor dem Servieren den Wildkräutersalat mit Gänseblümchenköpfen bestreuen und zu Tisch bringen.

Merkzettel

Frische Wildkräuter bekommen Sie im Frühling im Bioladen. Wer selber in Wald und Feld suchen will, sollte sich zur besseren Orientierung ein Buch zur Wildkräuterbestimmung zulegen.

Gemüse

Gemüseeintopf mit Couscous

Für 4 Personen
Zubereitungszeit: 30 Minuten
Brat- & Schmorzeit: 30 Minuten

Einkaufsliste/Zutaten

1 Aubergine
4 Zucchini
4 Fleischtomaten
2–3 Knoblauchzehen
1 Gemüsezwiebel
5 El Pflanzenöl
Salz
Schwarzer Pfeffer aus der Mühle
250 g Couscousgrieß (Bioladen)
400 ml Tomatensaft
200 g Crème fraîche
100 g saure Sahne

Garnierung

Petersilienblättchen

Vorküche

Aubergine und Zucchini waschen, putzen und in Würfel schneiden. Die Tomaten mit kochendem Wasser überbrühen, häuten, Stielansatz und Kerne entfernen, das Fruchtfleisch ebenfalls würfeln. Knoblauch und Zwiebel schälen und fein würfeln.

Zubereitung

Das Öl in einer ausreichend großen Pfanne erhitzen. Auberginen-, Zucchini- und Zwiebelwürfel darin kräftig anbraten. Knoblauch, Salz und Pfeffer zufügen, unterrühren, den Couscous einstreuen und mit dem Tomatensaft aufgießen. Den Deckel auf die Pfanne legen und etwa 25 Minuten schmoren lassen. 10 Minuten vor Ende der Garzeit die Tomatenstücke zufügen. Crème fraîche mit der sauren Sahne vermischen und in eine Schale füllen.

Servieren

Richten Sie den Gemüseeintopf mit Couscous mit Petersilienblättchen garniert in einer vorgewärmten Schüssel an und reichen Sie die Crème fraîche separat dazu.

Merkzettel

Reste können Sie wunderbar zu kleinen Talern formen und in Butter ausbacken.

Möhrengemüse mit Petersilie

Für 4 Personen
Zubereitungszeit: 25 Minuten
Kochzeit: 15 Minuten

Einkaufsliste/Zutaten

750 g Möhren
500 g Kartoffeln
1 Bund Petersilie
Salz
Weißer Pfeffer aus der Mühle
Frisch geriebene Muskatnuss
100 g Sahne
100 g Butter

Vorküche

Möhren und Kartoffeln schälen, in kleine Würfel schneiden. Petersilie waschen, einige Blättchen beiseite legen, den Rest fein hacken.

Zubereitung

Möhren- und Kartoffelwürfel mit wenig Salzwasser etwa 15 Minuten garen. Danach das Kochwasser abgießen. Das Gemüse mit Salz, Pfeffer und Muskatnuss würzen und mit einem Kartoffelstampfer zerdrücken. Nun die Sahne, Butter und die gehackte Petersilie unterheben. Alles mit einem großen Kochlöffel gründlich vermischen.

Servieren

Das Möhrengemüse auf vorgewärmten Tellern anrichten und mit den restlichen Petersilienblättchen bestreuen. Dazu passen frische grobe Bratwurst oder Frikadellen.

Merkzettel

Da Möhren fester sind als Kartoffeln, sollten die Kartoffelwürfel nicht zu klein sein, denn bei längerer Kochzeit würden sie zerfallen.

Überbackenes Gemüse

Für 4 Personen
Zubereitungszeit: 20 Minuten
Grillzeit: ca. 16 Minuten

Einkaufsliste/Zutaten

1 Aubergine
4 kleine Zucchini
4 Tomaten
2 Zwiebeln
Alufolie
300 ml Olivenöl
Salz
Schwarzer Pfeffer aus der Mühle
3 Thymianzweige
3 Rosmarinzweige
300 g Berg- oder Höhlenkäse in dünnen Scheiben
Einige Thymianblättchen

Vorküche

ubergine und Zucchini waschen und in 2 cm dicke Scheiben schneiden. Tomaten halbieren, die iebeln schälen, dabei den Wurzelansatz nicht abschneiden und in 1 cm dicke Scheiben schneiden.

Zubereitung

n Backblech mit Alufolie auslegen und mit reichlich Olivenöl bepinseln. Darüber Salz und Pfeffer streuen. Alles Gemüse darauf anrichten und wieder salzen, pfeffern und mit Olivenöl bepinseln. hymian und Rosmarin dazwischenlegen und unter dem Grill von beiden Seiten ca. 5–8 Minuten grillen. Zwei Minuten vor Ende der Grillzeit die Käsescheiben über dem Gemüse verteilen und goldbraun überbacken.

Servieren

Das gegrillte Gemüse auf einer Platte anrichten, mit einigen Thymianblättchen garnieren und zu kurz gebratenem Fleisch reichen.

Provenzalischer Gemüsetopf

Für 4 Personen
Zubereitungszeit: 35 Minuten
Kochzeit: 45 Minuten

Einkaufsliste/Zutaten

1 Gemüsezwiebel
1 Fenchelknolle
2 Stangen Staudensellerie
1 Aubergine
Je 1 rote, grüne und gelbe Paprikaschote
2 Zucchini
4 Flaschentomaten
4 Knoblauchzehen
Salz
5 El Olivenöl
Schwarzer Pfeffer aus der Mühle
1 Msp. Cayennepfeffer
300 ml Tomatensaft
2 El getrockneter Oregano
1 Prise Zucker
1 El Aceto Balsamico

Garnierung

Basilikumblättchen

Vorküche

Das gesamte Gemüse waschen, putzen und in mundgerechte Stücke schneiden, Tomaten mit heißem Wasser überbrühen, häuten und die Kerne entfernen. Das Fruchtfleisch grob hacken. Knoblauch schälen und mit Salz im Mörser zerstoßen.

Zubereitung

Das Olivenöl in einer großen Pfanne erhitzen. Darin die Zwiebelwürfel anbraten und glasig werden lassen. Nun alle anderen Gemüse zufügen. Herzhaft mit Salz, Pfeffer und Cayennepfeffer würzen. Den Tomatensaft angießen, Oregano zwischen den Händen zerreiben, über das Gemüse streuen und 1 gute Prise Zucker zufügen. Mit einem Holzlöffel alles gut vermischen und in der geschlossenen Pfanne bei mittlerer Hitze 45 Minuten schmoren lassen.

Servieren

Das Gemüse vor dem Servieren mit Aceto Balsamico abschmecken und mit Basilikumblättchen garnieren. Das provenzalische Gemüse passt besonders gut zu kurz gebratenem oder gegrilltem Fleisch. Es schmeckt aber auch hervorragend zu einem frischen Ciabatta und einem Glas kühlem Rotwein.

Merkzettel

Bereiten Sie den Gemüsetopf schon am Tag vorher zu. Aufgewärmt ist sein Aroma um vieles besser als am Tag der Zubereitung.

Möhrenstern

Für 4–6 Personen
Zubereitungszeit: 25 Minuten
Koch- & Backzeit: ca. 1 Stunde

Einkaufsliste/Zutaten

400 g Bundmöhren
8 Stangen grüner Spargel
1 Knoblauchzehe
100 g Bergkäse
2 El Butter
Salz
Schwarzer Pfeffer aus der Mühle
1 Prise Zucker
500 ml Gemüsebrühe
250 ml Milch
250 g Polenta
100 g Schmand
2 Mozzarella-Kugeln
Butter für die Form

Garnierung

Petersilienblättchen

Vorküche

Die Bundmöhren schälen und halbieren, den Spargel nur am unteren Ende abschneiden, waschen und trockentupfen. Knoblauch schälen und hacken. Den Bergkäse grob reiben.

Zubereitung

Die Butter in einem größeren Topf schmelzen, Möhren und Spargel darin etwa 10 Minuten andünsten. Mit Salz, Pfeffer und der Prise Zucker würzen, einige Löffel Gemüsebrühe und den Knoblauch zufügen, im geschlossenen Topf bei mittlerer Hitze ca. 10 Minuten dünsten. Das Gemüse aus dem Kochsud heben und beiseite stellen. In den gleichen Topf nun die restliche Brühe und die Milch gießen und zum Kochen bringen. Die Polenta auf einmal zugeben und mit einem Schneebesen gut unterrühren. Unter ständigem Rühren etwa 3 Minuten einkochen lassen. Von der Herdplatte ziehen, Schmand und Bergkäse unterrühren. Den Topfdeckel auflegen und 15 Minuten ausquellen lassen. Eine runde Auflaufform (26 cm Ø) mit Butter ausreiben, die Polentamasse einfüllen und glatt streichen. Darauf sternförmig die Möhren mit dem Spargel verteilen. Den Mozzarella in Scheiben schneiden und darauf verteilen. Im vorgeheizten Backofen bei 190 °C etwa 15 Minuten überbacken, bis der Käse geschmolzen ist und eine goldene Farbe hat.

Servieren

Den Möhrenstern in der Form mit Petersilienblättchen bestreuen und in Tortenstücke schneiden. Auf vorgewärmten Tellern anrichten. Dazu passt ein Glas gut gekühlter Rosé.

Merkzettel

Reste vom Möhrenstern in Tortenstücke schneiden und in der Pfanne mit Butter aufbraten. So bekommt er eine krosse Unterseite, die seinen Geschmack noch verbessert.

Stangenbohnen mit Basilikum

Für 4 Personen
Zubereitungszeit: 20 Minuten
Kochzeit: 12 Minuten

Einkaufsliste/Zutaten

750 g grüne Bohnen
2 Knoblauchzehen
Salz
5 El Olivenöl

Garnierung

1 Tasse frische Basilikumblättchen

Vorküche

Die Bohnen an beiden Enden abschneiden und waschen. Knoblauch schälen und in die Knoblauchpresse legen.

Zubereitung

Die Bohnen in reichlich Salzwasser im geschlossenen Topf 12 Minuten kochen. Abgießen und zum Ausdampfen wieder auf den Herd stellen. Den Knoblauch pressen, mit dem Olivenöl vermischen und über die Bohnen gießen, salzen und den Deckel wieder auf den Topf legen. Den Topf kräftig schütteln, damit alle Bohnen mit Knoblauch und Olivenöl benetzt werden.

Servieren

Den Deckel vom Topf heben, das Basilikum zufügen und noch einmal schütteln. So heiß wie möglich zu Tisch bringen. Diese Basilikumbohnen sind eine köstliche Beilage zu allem kurz gebratenen Fleisch, passen aber auch zu einem sahnigen Kartoffelpüree.

Merkzettel

Stangenbohnen müssen mindestens 10 Minuten kochen, damit sich die Bitterstoffe verlieren.

Suppen

Kräuterrahmsuppe mit Käseklößchen

Für 4 Personen
Zubereitungszeit: 40 Minuten
Kochzeit: 40 Minuten

Einkaufsliste/Zutaten

Für die Klößchen

100 g alter Pecorino (Schafkäse)
Salz
40 g Butter
50 g Grieß
1 Ei
Weißer Pfeffer aus der Mühle
Muskatnuss
500 ml Hühnerbrühe

Für die Suppe

500 g gemischte Kräuter (Petersilie, Bärlauch, Kerbel, Kresse)
30 g Butter
40 g Mehl
500 ml Sahne
Salz
Weißer Pfeffer aus der Mühle
1 Prise Zucker
2 cl trockener Sherry

Garnierung

Gehackte Kräuter

Vorküche

Den Pecorino reiben. Die Kräuter waschen, trocknen und fein hacken.

Zubereitung

Für die Käseklößchen 125 ml Wasser mit Salz und Butter in einem Topf aufkochen. Den Grieß einrieseln lassen und mit einem Schneebesen unterrühren. Wenn die Masse dicklich wird, den Topf vom Herd ziehen, alles etwas abkühlen lassen und dann das Ei und den geriebenen Käse unterrühren. Herzhaft mit Pfeffer und frisch geriebener Muskatnuss würzen. Die Hühnerbrühe erhitzen und mit einem Teelöffel kleine Mengen von der Grießmasse abstechen und zu Klößchen formen. Die Klößchen in die Brühe geben und bei mittlerer Hitze etwa 15 Minuten gar ziehen lassen. Die Klößchen mit einer Schaumkelle abfischen und warm halten. Für die Suppe die Butter in einem Topf schmelzen, das Mehl mit einem Schneebesen unterrühren und nach und nach die Sahne und die Klößchenbrühe angießen. Immer weiterrühren, einmal aufkochen und etwa 5 Minuten köcheln lassen. Die Suppe herzhaft mit Salz, Pfeffer, Zucker und Sherry abschmecken. Von den gehackten Kräutern 1 El abnehmen, den Rest in die Suppe rühren.

Servieren

Die Kräuterrahmsuppe in tiefe Teller füllen und mit den Käseklößchen besetzen. Mit frischen Kräutern bestreut servieren.

Merkzettel

Anstelle des Pecorino für die Käseklößchen kann man alten Gouda oder jeden anderen Hartkäse verwenden.

Gemüsesuppe mit Kräutern

Für 4 Personen
Zubereitungszeit: 30 Minuten
Kochzeit: ca. 35 Minuten

Einkaufsliste/Zutaten

1 Schalotte
1 Stange Lauch
¼ Knollensellerie
1 gelbe Paprika
3 Kartoffeln
100 g grüne Bohnen
1 Bund Petersilie
1 Bund Bohnenkraut
30 g Butter
1 El Mehl
1 l Gemüsebrühe
1 Tl getrockneter Thymian
2 Lorbeerblätter
100 g Sahne
Salz
Weißer Pfeffer aus der Mühle

Garnierung

Petersilienblättchen

Vorküche

Alles Gemüse putzen, waschen und in mundgerechte Stücke oder Scheiben schneiden. Die Petersilie waschen und fein hacken. Einige Blättchen für die Garnierung beiseite legen. Bohnenkraut waschen, trocknen und fest zusammenbinden.

Zubereitung

Die Butter in einer Kasserolle schmelzen, Schalotte, Lauch, Sellerie, Paprika und die Petersilie zufügen. Abgedeckt auf kleiner Flamme etwa 12–15 Minuten dünsten. Das Mehl darüber stäuben und die Gemüsebrühe angießen. Zum Kochen bringen, Kartoffeln, Thymian und Lorbeerblätter dazugeben und weitere 10 Minuten kochen lassen. Nun die grünen Bohnen mit dem Bohnenkraut in den Topf geben und 10 Minuten kochen. Alle Gemüsestücke müssen weich sein. Zum Schluss die Sahne angießen und herzhaft mit Salz und Pfeffer würzen. Vor dem Servieren Lorbeerblätter und Bohnenkraut entfernen.

Servieren

Servieren Sie die Gemüsesuppe mit Petersilienblättchen garniert und noch heiß dampfend in einer Suppenterrine. Reichen Sie dazu ein kerniges Bauernbrot.

Merkzettel

Bohnenkraut ist ein sehr intensives Gewürz und sollte nicht länger als 10 Minuten mitgegart werden.

Brennnesselsuppe

Für 4 Personen
Zubereitungszeit: 5 Minuten
Kochzeit: 15 Minuten

Einkaufsliste/Zutaten

150 ml Brennnesselsaft (Reformhaus)
30 g Butter
1 El Mehl
850 ml Gemüsebrühe
2 El saure Sahne
2 El Hefeflocken (Reformhaus)

Garnierung

Hefeflocken

Vorküche

Den Brennnesselsaft durch eine Filtertüte gießen und auffangen.

Zubereitung

Die Butter in einem Topf schmelzen, mit dem Mehl bestreuen und eine Mehlschwitze herstellen. Mit Brennnesselsaft und Gemüsebrühe aufgießen und zum Kochen bringen. Einmal aufkochen lassen und vom Herd ziehen. Die saure Sahne unterziehen und die Hefeflocken einrühren.

Servieren

Die Brennnesselsuppe in Suppentassen mit einigen Hefeflocken bestreut servieren.

Merkzettel

Diese Brennnesselsuppe schmeckt nicht nur sehr lecker, sie ist auch gesund. Nach dem langen Winter macht sie einen im Frühjahr putzmunter.

Auberginensuppe mit Kerbel

Für 4 Personen
Zubereitungszeit: 10 Minuten
Kochzeit: 10 Minuten

Einkaufsliste/Zutaten

1 Aubergine
1 gehäufter El Butter
1 El Mehl
125 ml Weizengrassaft (Reformhaus)
750 ml Gemüsebrühe
2 El saure Sahne
2 El Kerbelblättchen

Garnierung

Kerbelblättchen

Vorküche

Die Aubergine waschen, den Stiel entfernen, in Scheiben schneiden und anschließend würfeln.

Zubereitung

Die Butter in einem Topf schmelzen und die Auberginenwürfel darin von allen Seiten braun braten. Das Mehl darüber streuen, Weizengrassaft und Gemüsebrühe angießen. Aufkochen lassen und die Suppe vom Herd ziehen. Die saure Sahne glatt rühren, unter die Suppe ziehen und die Kerbelblättchen dazugeben.

Servieren

Die Auberginensuppe in Suppentassen füllen und mit Kerbelblättchen bestreut servieren.

Merkzettel

Weizengrassaft ist ein rechter Jungbrunnen. Seine Inhaltsstoffe härten Zähne und Knochen und verleihen der Haut eine jugendliche Frische.

Gurken-Dill-Suppe

Für 4 Personen
Zubereitungszeit: 25 Minuten
Kochzeit: ca. 10 Minuten

Einkaufsliste/Zutaten

2 Schlangengurken
1 Stange Lauch
1 Schalotte
1 Bund Dill
1 Bund Petersilie
1 Bund Pimpinelle
1 Kästchen Kresse
1 reife Avocado
2 El neutrales Öl
500 ml Gemüsebrühe
250 g Kefir
125 g saure Sahne
Salz
Weißer Pfeffer aus der Mühle
Muskatnuss

Garnierung

Einige Dillblättchen

Vorküche

Die Gurken waschen, längs halbieren, mit einem Löffel die Kerne herauskratzen und in Stücke schneiden. Lauch putzen, waschen und schräg in Ringe schneiden. Schalotte schälen und fein würfeln. Alle Kräuter waschen und trocknen. Die Avocado aufschneiden und das Fruchtfleisch herauslösen.

Zubereitung

Das Öl in einem Topf erhitzen und die Schalottenwürfel darin glasig werden lassen. Das geputzte Gemüse zufügen und die Gemüsebrühe angießen. 10 Minuten bei mittlerer Hitze köcheln, anschließend abkühlen lassen. Alle Kräuter mit der Kresse, dem ausgelösten Fruchtfleisch der Avocado und der abgekühlten Suppe im Mixer pürieren. Kefir und saure Sahne dazugeben und vermischen. Herzhaft mit Salz, Pfeffer und frisch geriebener Muskatnuss würzen.

Servieren

Die Gurken-Dill-Suppe in eine Terrine füllen und mit Dillblättchen bestreut servieren.

Merkzettel

Die Gurken-Dill-Suppe schmeckt warm und kalt. Im Sommer gekühlt aus dem Eisschrank serviert, ist sie eine besonders leckere Erfrischung.

Petersiliensuppe

Für 4 Personen
Zubereitungszeit: 15 Minuten
Kochzeit: 1 ½ Stunden

Einkaufsliste/Zutaten

250 g Suppenfleisch
1 Markknochen
1 Stange Lauch
1 Möhre
¼ Sellerieknolle
1 Zwiebel
3 Nelken
1 Lorbeerblatt
1 Tl Pfefferkörner
Salz
2 Bund Petersilie
40 g Butter
3 El Mehl
100 g Crème fraîche
1 Eigelb
Weißer Pfeffer aus der Mühle
Muskatnuss

Garnierung

Petersilienblättchen

Vorküche

Suppenfleisch und Markknochen waschen, Lauch, Möhre, Sellerie und Zwiebel putzen und in Stücke schneiden.

Zubereitung

1 l Wasser in einen Topf füllen. Fleisch, Knochen und das Gemüse mit Nelken, Lorbeerblatt, Pfefferkörnern und 1 Tl Salz in den Topf geben und zugedeckt bei mittlerer Hitze eine gute Stunde garen. Hin und wieder mit der Schaumkelle abschäumen. Das Fleisch und den Knochen aus dem Topf heben und die Brühe durchsieben. Die Petersilie waschen, trocknen und fein hacken. Die Butter in einem Topf erhitzen, gehackte Petersilie und das Mehl zufügen und anschwitzen. Die Brühe dazugießen und aufkochen. Das Suppenfleisch in kleine Würfel schneiden und in den Topf geben. Crème fraîche mit dem Eigelb verrühren und damit die nicht mehr kochende Suppe legieren. Mit Pfeffer, Salz und Muskatnuss abschmecken.

Servieren

Die Suppe mit Petersilienblättchen bestreut servieren.

Merkzettel

Etwas gehackter Sauerampfer verleiht der Petersiliensuppe eine besondere Note.

Knoblauchsuppe

Für 4 Personen
Zubereitungszeit: 15 Minuten
Kochzeit: 15 Minuten

Einkaufsliste/Zutaten

500 g blaue oder weiße Weintrauben ohne Kerne
2–3 Knoblauchzehen
30 g Butter
30 g Mehl
500 ml Fleischbrühe
Salz
Weißer Pfeffer aus der Mühle
2 El Zitronensaft
250 ml Weißwein
2 cl lieblicher Sherry
125 ml Sahne

Garnierung

Weintrauben

Vorküche

Die Trauben waschen, vom Stiel zupfen und halbieren.
Knoblauchzehen schälen und fein hacken.

Zubereitung

Die Butter in einem Topf schmelzen, den Knoblauch zufügen und mit Mehl bestäuben. Die Fleischbrühe angießen und unter ständigem Rühren aufkochen. Salzen, pfeffern und den Zitronensaft dazugeben. Nochmals aufkochen. Vom Herd ziehen, Weißwein und Sherry dazugeben. Die Sahne steif schlagen und unter die Suppe ziehen.

Servieren

Die Knoblauchsuppe in Suppenteller füllen, die halbierten Weintrauben rund um den Tellerrand anordnen und servieren.

Merkzettel

Sie können natürlich mehr Knoblauch für die Suppe verwenden. Dann wird sie allerdings um einiges schärfer.

Frühlingszwiebelsuppe

Für 4 Personen
Zubereitungszeit: 10 Minuten
Koch- & Backzeit: ca. 25 Minuten

Einkaufsliste/Zutaten

2 Bund Frühlingszwiebeln
1 El Butter
1 l Gemüsebrühe
Salz
Schwarzer Pfeffer aus der Mühle
4 Scheiben Toastbrot
4 Scheiben Appenzeller

Garnierung

Petersilienblättchen

Vorküche

Die Frühlingszwiebeln waschen, putzen und in schmale Ringe schneiden.

Zubereitung

Die Butter in einem Topf schmelzen und die Frühlingszwiebeln darin andünsten. Mit der Gemüsebrühe aufgießen, salzen, pfeffern und 10 Minuten bei mittlerer Hitze köcheln lassen. In dieser Zeit das Toastbrot und den Käse entrinden. Die Suppe in Suppentassen füllen, je mit einer Toast- und einer Käsescheibe belegen und im auf 200 °C vorgeheizten Backofen ca. 10 Minuten überbacken. Der Käse muss eine schöne goldbraune Farbe bekommen.

Servieren

Zum Servieren die Suppentassen auf Unterteller stellen und den gebräunten Käse mit Petersilienblättchen bestreuen. Dazu passt ein Gläschen gekühlter trockener Sherry.

Merkzettel

Wenn Sie fertige Gemüsebrühe verwenden, müssen Sie bei der Salzzugabe vorsichtig sein. Vorher abschmecken.

Kartoffeln & Nudeln

Kümmelkartoffeln

Für 4 Personen
Zubereitungszeit: 10 Minuten
Grillzeit: 20–25 Minuten

Einkaufsliste/Zutaten

4 große, mehlig kochende Kartoffeln
3 El Kümmel
Alufolie
Salz
100 g Butter

Garnierung

Kümmelkörner

Vorküche

Die Kartoffeln gründlich unter fließendem Wasser bürsten und längs halbieren.

Zubereitung

Den Kümmel auf einen Teller streuen und die Kartoffeln mit der Schnittfläche in den Kümmel drücken. Ein Backblech mit Alufolie auslegen und die Kartoffeln mit der Schnittfläche nach oben darauf anordnen. Salzen und mit Butterflöckchen belegen. Den Grill vorheizen und die Kartoffeln für 20–25 Minuten unter dem Grill garen. In dieser Zeit immer wieder Butterflöckchen auf die Kartoffeln setzen.

Servieren

Servieren Sie die gratinierten Kümmelkartoffeln so heiß wie möglich. Reichen Sie dazu einen Kräuterquark oder eiskalte Butter. Beides dazu ist ein Genuss.

Merkzettel

Es müssen unbedingt mehlig kochende Kartoffeln verwendet werden. Fest kochende Kartoffeln eignen sich nicht, weil sie unter dem Grill nicht weich werden.

Kartoffel-Sellerie-Püree

Für 4 Personen
Zubereitungszeit: 20 Minuten
Kochzeit: ca. 18 Minuten

Einkaufsliste/Zutaten

700 g mehlig kochende Kartoffeln
500 g Sellerieknolle
ca. 750 ml Milch
Salz
Schwarzer Pfeffer aus der Mühle
2 El Butter

Garnierung

Petersilienblättchen

Vorküche

Kartoffeln und Sellerie schälen, waschen und möglichst klein würfeln.

Zubereitung

Kartoffel- und Selleriewürfel in einen Topf füllen und mit so viel Milch begießen, bis alles knapp bedeckt ist. Salz, Pfeffer und etwas Butter zufügen. Aufkochen und auf kleiner Flamme etwa 18 Minuten köcheln lassen. Die Milch in ein Gefäß gießen und auffangen. Die Kartoffel-Sellerie-Masse mit einem Stampfer nicht zu fein stampfen und von der Milch wieder so viel angießen, dass ein cremiges Püree entsteht. Mit Salz, Pfeffer und der restlichen Butter abschmecken.

Servieren

Füllen Sie das Kartoffel-Sellerie-Püree in eine vorgewärmte Schüssel und garnieren Sie es mit Petersilienblättchen. Dieses Püree passt hervorragend zu gebratener Entenbrust oder zu Lammkoteletts.

Merkzettel

Aus Resten vom Püree lassen sich am nächsten Tag kleine Küchlein backen. Einfach ein Ei und etwas Mehl zufügen und in Butter backen.

Frankfurter grüne Soße mit Pellkartoffeln

Für 4 Personen
Zubereitungszeit: ca. 30 Minuten
Kochzeit: 20 Minuten

Einkaufsliste/Zutaten

Je 1 Bund Petersilie, Schnittlauch, Kresse, Sauerampfer, Pimpinelle, Borretsch
800 g kleine Kartoffeln
Salz
100 g Mayonnaise
2 El Zitronensaft
1 Tl Senf
1 Prise Zucker
Weißer Pfeffer aus der Mühle
2 hart gekochte Eier

Garnierung

Einige Kräuterblättchen

Vorküche

Alle Kräuter waschen, trocknen und fein hacken. Kartoffeln waschen.

Zubereitung

Die Kartoffeln mit der Schale in Salzwasser etwa 20 Minuten kochen. Die Mayonnaise in eine Schüssel füllen. Die gehackten Kräuter und alle anderen Zutaten hinzufügen. Die Eier schälen, fein würfeln und ebenfalls in die Schüssel geben. Alles gut miteinander vermischen. Die Kartoffeln abgießen und pellen.

Servieren

Servieren Sie die Frankfurter grüne Soße mit einigen Kräuterblättchen garniert zu den heißen Pellkartoffeln.

Merkzettel

Im Handel werden schon komplett zusammengestellte Kräuter für die Soße angeboten. Sie sind in einer Frischebox verpackt und halten sich einige Tage.

Gnocchi mit Salbeibutter

Für 4 Personen
Zubereitungszeit: 40 Minuten
Kochzeit: 35 Minuten

Einkaufsliste/Zutaten

500 g Kartoffeln
2 Tl Salz
300 g Mehl
2 Eier
Frisch geriebene Muskatnuss
3–4 El Butter
15–20 kleine Salbeiblättchen
100 g frisch geriebener Parmesan

Garnierung

Einige Salbeiblättchen

Vorküche

Die Kartoffeln waschen und mit der Schale in Salzwasser etwa 15–20 Minuten garen. Abgießen, ausdampfen, so heiß wie möglich schälen und durch die Kartoffelpresse in eine Schüssel drücken. Mit Mehl, Eiern, Salz und Muskatnuss vermischen, bis ein weicher, elastischer Teig entsteht.

Zubereitung

Auf einer mit Mehl bestreuten Arbeitsfläche fingerdicke Rollen aus dem Teig formen und in etwa 2,5–3 cm lange Stücke schneiden. In jedes Stück mit dem Zeigefinger eine Delle drücken. In einem großen Topf reichlich Salzwasser aufkochen. Die Gnocchi darin portionsweise sieden lassen. Sobald sie nach oben steigen, mit einem Schaumlöffel abfischen und im auf 100 °C vorgeheizten Backofen in einer abgedeckten Schüssel warm halten. Während die Gnocchi garen, die Butter in einer Pfanne zerlassen und die Salbeiblättchen zufügen. Dabei dürfen die Salbeiblättchen keine Farbe verlieren. Den Parmesan in die zerlassene Butter streuen.

Servieren

Verteilen Sie die Gnocchi auf vorgewärmte Teller und träufeln Sie die Salbeibutter über die heißen Gnocchi. Bringen Sie die Teller mit einigen Salbeiblättchen bestreut zu Tisch. Dazu schmeckt ein kühler Weißwein.

Merkzettel

Verwenden Sie mehlig kochende Kartoffeln. Diese binden besser, und die Gnocchi bekommen einen samtigen Biss.

Ravioli mit Käsekräuterfüllung

Für 4 Personen
Zubereitungszeit: 30 Minuten (ohne Wartezeit)
Kochzeit: ca. 9 Minuten

Einkaufsliste/Zutaten

Für den Nudelteig
400 g Mehl
1 gute Prise Salz
3 Eier
Mehl für das Arbeitsbrett

Für die Käsefüllung
Je 1 El Basilikum, glatte Petersilie, Thymian
250 g Ricotta (ital. Frischkäse)
3 Eier
80 g frisch geriebener Pecorinokäse
Weißer Pfeffer aus der Mühle
Frisch geriebene Muskatnuss
1 Prise Salz

Garnierung
Einige Basilikumblättchen

Vorküche

Das Mehl auf das Arbeitsbrett häufen und kräftig salzen. Eine Mulde eindrücken und die Eier hineinschlagen. Das Mehl vom Rand aus mit den Eiern vermischen. Das geht am besten mit den Fingerspitzen. Anschließend kräftig mit beiden Händen durchkneten und zu einem elastischen Teig verarbeiten. Den Teig zu einem Laib formen und unter einem feuchten Tuch 30–40 Minuten ruhen lassen.
Für die Füllung die Kräuter waschen, trocknen und hacken. Alle Zutaten in eine Schüssel füllen und gut vermischen. Mit einem Tuch abdecken und für etwa 15 Minuten ruhen lassen, damit sich die Aromen entfalten.

Zubereitung

Den Teig in 2 Portionen teilen. Eine Hälfte auf der mit Mehl bestreuten Arbeitsfläche dünn ausrollen. Den restlichen Teig bis zum Verarbeiten unter dem feuchten Tuch lassen. Vom Teig breite Bänder abschneiden und parallel zur Längsseite jeweils einen Teelöffel von der Käsekräuterfüllung draufsetzen. Dann den Teig darüber klappen und die Zwischenräume und die Ränder andrücken. Mit einem Teigrädchen die Ravioli ausschneiden. In einem großen Topf in reichlich Salzwasser die Ravioli ca. 8–9 Minuten garen. Aus dem Wasser heben und gut abtropfen lassen.

Servieren

Richten Sie die Ravioli mit Käsekräuterfüllung mit einigen Basilikumblättchen bestreut in tiefen Tellern an. Dazu passen eine frische Tomatensoße und geriebener Parmesan.

Merkzettel

Die Käsekräuterravioli kann man auch ganz schlicht mit geschmolzener Butter servieren.

Spaghetti mit Bärlauchpesto

Für 4 Personen
Zubereitungszeit: 15 Minuten
Kochzeit: ca. 10 Minuten

Einkaufsliste/Zutaten

1 Bund Bärlauch
100 g Parmesankäse
6 El Olivenöl extra vergine
Salz
Schwarzer Pfeffer aus der Mühle
500 g Spaghetti

Garnierung

Frischer Parmesankäse

Vorküche

Bärlauch waschen, trockenschleudern und grob zerteilen. Parmesankäse auf der Käsereibe fein reiben.

Zubereitung

Die Bärlauchblätter mit Parmesankäse und dem Olivenöl in den Mixer geben. Salzen, pfeffern und aufmixen. Wenn die Paste zu fest ist, noch etwas Olivenöl zufügen. Die Spaghetti in reichlich Salzwasser nach Packungsanweisung kochen.

Servieren

Die Spaghetti abschütten und in eine vorgewärmte Schüssel füllen. Das Bärlauchpesto darüber gebe und gut vermischen. Auf Teller füllen und mit Parmesankäse bestreut servieren.

Merkzettel

Bärlauchblätter sehen den giftigen Maiglöckchenblättern sehr ähnlich. Daher beim Pflücken immer wieder an den Pflanzen riechen. Nur Bärlauch verströmt ein zartes Knoblaucharoma.

Fleisch & Geflügel

Marinierte Lammkeule

Für 6–8 Personen
Zubereitungszeit: 40 Minuten (ohne Wartezeit)
Bratzeit: ca. 2 Stunden

Einkaufsliste/Zutaten

Für die Marinade

2 El Rosmarinnadeln
2–3 Sardellenfilets
2 getrocknete Chilischoten ohne Kerne
3 gehackte Knoblauchzehen
250 ml Weißwein
5 El Weißweinessig
1 Tl schwarze Pfefferkörner
1 große Gefriertüte
1 Gummiring

Für den Braten

2,5 kg Lammkeule
Salz
3 El Olivenöl
3 Lorbeerblätter

Garnierung

Rosmarinnadeln

Vorküche

Die Keule sorgfältig von Häuten und Sehnen befreien. Rosmarinnadeln und Sardellenfilets hacken. Chilischoten und Knoblauch im Mörser zerreiben. Alle Zutaten gut miteinander vermischen und eine Marinade herstellen. In eine Gefriertüte füllen und die Keule dazugeben. Die Tüte um den Keulenknochen mit dem Gummiring fest verschließen. Jetzt liegt die Keule von allen Seiten gleichmäßig in der Marinade. Zur Sicherheit auf einen Teller legen und über Nacht im Kühlschrank marinieren.

Zubereitung

Die Keule aus dem Beutel nehmen, von allen Seiten salzen und in einen Bräter legen. Die Marinade dazugießen. Die Keule mit Olivenöl beträufeln und die Lorbeerblätter in die Marinade geben. Den geschlossenen Bräter in den auf 190 °C vorgeheizten Ofen schieben und gute 2 Stunden braten. Danach die Keule aus dem Bräter heben und die Soße mit 125 ml heißem Wasser auffüllen. Einmal aufkochen und mit einem Holzkochlöffel die Röststoffe von den Topfwänden und vom Boden lösen. Je nach Geschmack kann die Soße mit wenig Kartoffelstärke gebunden werden.

Servieren

Die mit Rosmarinnadeln gratinierte Keule vor dem Anschneiden 10 Minuten ruhen lassen. So verteilt sich der Fleischsaft besser. Das Fleisch in Scheiben schneiden und mit der Soße und frischem Weißbrot servieren.

Merkzettel

Ein frische Lammkeule sollten Sie immer beim Metzger vorbestellen.

Pfefferhackbraten mit Pilzfüllung

Für 4 Personen
Zubereitungszeit: 40 Minuten
Bratzeit: 1 ½ Stunden

Einkaufsliste/Zutaten

200 g Champignons
25 g getrocknete Steinpilze
1 Schalotte
1 altbackenes Brötchen
1 Bund Petersilie
1 El schwarze Pfefferkörner
30 g Butter
1 Tl Thymianblättchen
1 El Worcestersoße
Salz
Schwarzer Pfeffer aus der Mühle
700 g Rinderhackfleisch
300 g Schweinehackfleisch
4 El Tomatenmark
2 Eier

Garnierung

Petersilienblättchen

Vorküche

Champignons putzen und grob hacken. Steinpilze in heißem Wasser einweichen, ausdrücken und hacken. Schalotte schälen und fein würfeln. Das Brötchen in warmem Wasser einweichen, ausdrücken und zerzupfen. Petersilie waschen, trocknen und fein hacken. Die Pfefferkörner im Mörser grob zerstoßen.

Zubereitung

Die Butter in einer Pfanne erhitzen. Champignons, Steinpilze und die Schalotte andünsten, bis sie weich sind und alle Flüssigkeit verdampft ist. In eine Schüssel füllen, Brötchen, Petersilie, Thymian, Worcestersoße, Salz und Pfeffer zufügen und gut miteinander vermischen. Das Hackfleisch mit Tomatenmark und Eiern vermischen und gründlich durchkneten. Die Hälfte davon in eine gebutterte, rechteckige Form füllen. Darauf die Pilz-Zwiebel-Mischung verteilen und mit dem restlichen Fleisch abschließen. Mit den grob zerstoßenen Pfefferkörnern bestreuen. Im auf 190 °C vorgeheizten Backofen 1 ½ Stunden backen. Den Pfefferhackbraten im ausgeschalteten Backofen 15 Minuten ruhen lassen.

Servieren

Den Pfefferhackbraten auf eine Servierplatte geben, in Scheiben schneiden und mit Petersilienblättchen garnieren. Dazu schmecken Bratkartoffeln und ein kühles Bier.

Merkzettel

Falls sich beim Braten Saft gebildet hat, diesen bitte vor dem Servieren abgießen.

Würziges Hühnercurry

Für 4 Personen
Zubereitungszeit: 35 Minuten
Koch- & Backzeit: 1 Stunde

Einkaufsliste/Zutaten

4 große Hähnchenschenkel
1 Schalotte
2 Knoblauchzehen
1 rote Paprika
500 g Tomaten
2–3 El neutrales Öl
2 El Currypulver
1 Tl getrockneter Thymian
Saft von ½ Zitrone
3 El Rosinen
1 Tl eingelegter Ingwer
Schwarzer Pfeffer aus der Mühle
Salz

Garnierung

Korianderblättchen

Vorküche

Die Hähnchenschenkel waschen und am Gelenk auseinander schneiden. Schalotte und Knoblauch schälen und würfeln, Paprika waschen, zerteilen, weiße Häutchen und Kerne entfernen, anschließend würfeln. Tomaten überbrühen, häuten, Kerne entfernen und das Fruchtfleisch hacken.

Zubereitung

Das Öl in einer großen Kasserolle erhitzen. Schalotte, Knoblauch und Paprika hinzugeben und weich dünsten. Currypulver, Thymian, 125 ml Wasser und den Zitronensaft zufügen und zum Kochen bringen. Rosinen und Ingwer dazugeben und kräftig mit Pfeffer, weniger mit Salz würzen. Die Hähnchenschenkel in der Soße wenden, die Kasserolle verschließen und im vorgeheizten Backofen bei 180 °C 45 Minuten backen. Hin und wieder die Hähnchenteile wenden.

Servieren

Servieren Sie das würzige Hühnercurry mit einigen Korianderblättchen in einer vorgewärmten Schüssel und reichen Sie dazu Reis.

Merkzettel

Eingelegten Ingwer bekommen Sie im Asia-Laden.

Gefüllte Truthahnbrust

Für 6–8 Personen
Zubereitungszeit: 45 Minuten
Koch- & Bratzeit: 2 ¾ Stunden

Einkaufsliste/Zutaten

2,5 kg entbeinte Truthahnbrust mit Haut
Salz
Weißer Pfeffer aus der Mühle
4 El Butter
4 cl Madeira
400 ml Hühnerfond

Für die Füllung

1 Schalotte
250 g Schinkenspeck
½ Bund Petersilie
2 El Butter
5 El Semmelbrösel
½ Tl getrockneter Thymian
50 g gehackte Mandeln
Salz
Weißer Pfeffer aus der Mühle
1 Ei
1 Eigelb

Garnierung

Einige Petersilienblättchen

Vorküche

Für die Füllung die Schalotte schälen und hacken. Schinkenspeck fein würfeln. Petersilie waschen, trocknen und fein wiegen. Einige Blättchen zurückbehalten.

Zubereitung

Für die Füllung die Butter in einer Pfanne erhitzen und darin die Schalottenwürfel goldbraun anbraten. Den Pfanneninhalt in eine Schüssel geben und etwas abkühlen lassen. Die restlichen Zutaten für die Füllung zufügen, salzen, pfeffern. Ei und Eigelb verrühren und zur Masse geben. Alles gründlich miteinander vermischen.
Die Truthahnbrust mit der Hautseite nach unten auf die Arbeitsfläche legen, salzen, pfeffern und die vorbereitete Füllung gleichmäßig darauf verteilen. Die Brust aufrollen und mit Küchengarn fixieren. In einen am Boden gebutterten Bräter legen und mit 1 El Butter bestreichen. Die restliche Butter schmelzen und mit dem Madeira mischen. Den offenen Bräter in den auf 170 °C vorgeheizten Backofen schieben und 2 ½ Stunden braten. In dieser Zeit den Braten immer wieder mit der Butter-Madeira-Mischung bestreichen. Die Truthahnbrust aus dem Bräter heben und abgedeckt 10 Minuten warm stellen. Den Bratensatz mit dem Hühnerfond aufkochen und 5 Minuten einkochen lassen.

Servieren

Von der gefüllten Truthahnbrust das Küchengarn entfernen, in Scheiben schneiden, auf einer Platte anrichten und mit Petersilienblättchen garniert zu Tisch bringen.

Merkzettel

Truthahnbrust wird beim Braten schnell trocken. Darum lieber bei geringer Hitze braten und so oft wie möglich mit Butter bepinseln.

Ingwer-Poularde

Für 4 Personen
Zubereitungszeit: 30 Minuten
Brat- & Kochzeit: 1 Stunde

Einkaufsliste/Zutaten

1 kleine Poularde (1 kg)
Salz
Weißer Pfeffer aus der Mühle
1 Tl Ingwerpulver
1 Tl Zucker
50 g Butter
250 ml Gemüsebrühe
1 El Speisestärke
125 ml Weißwein

Für die Füllung

2 Geflügellebern
1 altbackenes Brötchen
1 Zwiebel
2 Bund Petersilie
1 Ei
50 g gehackte, geröstete Pinienkerne
Weißer Pfeffer aus der Mühle
Salz
¼ Tl Ingwerpulver

Garnierung

Petersiliensträußchen

Vorküche

Die Poularde innen und außen gründlich waschen und trockentupfen. Die Geflügellebern waschen, trocknen und hacken. Das Brötchen ca. 10 Minuten in warmem Wasser einweichen, ausdrücken und zerrupfen. Zwiebel schälen und würfeln. Petersilie waschen, trocknen und grob hacken. Einige Sträußchen beiseite legen.

Zubereitung

Die Poularde innen und außen mit Salz, Pfeffer und Ingwerpulver einreiben. Nur außen mit Zucker bestreuen. Für die Füllung alle Zutaten gründlich vermischen und in die Poularde füllen. Mit Holzspießchen verschließen. Die Butter in einer Kasserolle erhitzen und die Poularde darin von allen Seiten anbraten. Die Gemüsebrühe angießen und zugedeckt etwa 55 Minuten schmoren lassen. Die Poularde aus der Kasserolle heben, an der Brust aufschneiden, die Füllung entnehmen, die Poularde in 4 Teile schneiden und warm stellen. Den Bratenfond aufkochen, die Speisestärke mit dem Weißwein vermischen und damit die Soße binden. Nochmals abschmecken.

Servieren

Richten Sie die Poulardenteile und die Füllung mit einigen Petersiliensträußchen garniert auf einer vorgewärmten Platte an. Reichen Sie die Soße separat dazu. Ein feiner Duftreis ist der passende Begleiter.

Merkzettel

Manchmal verstecken sich im Halsbereich der Poularden die Innereien separat in Folie eingepackt. Schauen Sie vor dem Braten danach und entfernen Sie den Beutel.

Geflügelklößchen mit Estragonsoße

Für 4 Personen
Zubereitungszeit: 45 Minuten
Kochzeit: ca. 1 Stunde

Einkaufsliste/Zutaten

500 g Putenbrust
1 rote Zwiebel
1 ½ l Geflügelbrühe
50 g fetter Speck
5 El Semmelbrösel
2 Eier
Schwarzer Pfeffer aus der Mühle
Salz
½ Tl Rosenpaprika
1 Tl getrockneter Estragon
1 Bund Petersilie

Für die Soße

30 g Butter
2 El Speisestärke
Salz
1 Tl Worcestersoße
Muskatnuss
½ Tl getrockneter Estragon
2 El Zitronensaft
1 Eigelb
100 ml Sahne

Garnierung

Petersilienblättchen

Vorküche

Die Putenbrust waschen und von Häutchen befreien.
Die Zwiebel schälen und in Stücke schneiden.

Zubereitung

Die Geflügelbrühe zum Kochen bringen, die Putenbrust hineingeben und bei mittlerer Hitze etwa 45 Minuten garen. Aus der Brühe heben und grob würfeln. Zusammen mit den Zwiebelstücken und dem fetten Speck durch die feine Scheibe vom Fleischwolf drehen. In eine Schüssel füllen und mit Semmelbröseln, Eiern, Pfeffer, Salz und Rosenpaprika vermischen. Den Estragon im Mörser pulverisieren, die Petersilie waschen, trocknen, hacken und beides zur Fleischmasse geben. Zu einem festen Teig verarbeiten. Die Geflügelbrühe erneut erhitzen und mit einem Teelöffel kleine Klößchen aus der Masse formen und in die heiße Brühe geben. Etwa 10 Minuten ziehen lassen. Wenn die Klößchen oben schwimmen, sind sie gar und werden mit dem Schaumlöffel abgefischt. Auf einem Teller abgedeckt warm stellen. Für die Soße die Butter schmelzen, die Speisestärke darüber streuen und 325 ml Geflügelbrühe aufgießen. Mit Salz, Worcestersoße, Muskatnuss, Estragon und Zitronensaft würzen. Den Topf vom Herd ziehen. Das Ei mit der Sahne verrühren und damit die nicht mehr kochende Soße binden.

Servieren

Füllen Sie die Klößchen mit der Soße in eine Schüssel und bringen Sie sie mit Petersilienblättchen bestreut zu Tisch. Dazu passen ein körniger Reis und ein frischer Salat.

Merkzettel

Die restliche, sehr aromatische Hühnerbrühe ist eine gute Basis für eine Gemüsesuppe.

Kalbsbraten mit Kräutern

Für 6 Personen
Zubereitungszeit: 30 Minuten
Bratzeit: 2 ½ Stunden

Einkaufsliste/Zutaten

4 Zwiebeln
1,5 kg Kalbsschulter ohne Knochen
2 El neutrales Öl
Je 2 Zweige Majoran, Rosmarin, Thymian
150 ml Gemüsebrühe
Salz
Schwarzer Pfeffer aus der Mühle
1 Tl Speisestärke
Petersilienblättchen

Vorküche

Die Zwiebeln schälen und vierteln. Die Kalbsschulter rollen und mit Küchengarn fixieren.

Zubereitung

Das Öl in einer Kasserolle mit gut schließendem Deckel erhitzen. Darin den Braten von allen Seiten braun anbraten. Zwiebeln, Kräuterzweige und Gemüsebrühe zufügen. Herzhaft salzen und pfeffern. Den Deckel auflegen und im auf 160 °C vorgeheizten Backofen 2 ½ Stunden braten. Aus dem Ofen nehmen, den Braten und die Zwiebeln auf eine vorgewärmte Platte legen und abgedeckt 10 Minuten ruhen lassen. Die Kräuterzweige aus der Soße entfernen, die Speisestärke mit etwas kaltem Wasser anrühren und damit die Soße binden. Vom Braten den Rollfaden entfernen und in Scheiben schneide

Servieren

Richten Sie die Fleischscheiben und die Zwiebeln auf der Platte an und garnieren Sie sie mit einigen Pet silienblättchen. Reichen Sie die Soße separat dazu. Salzkartoffeln und Blattsalat wären die passenden Begleit

Merkzettel

Die Kalbsschulter richtig zu rollen und zu binden ist schwierig.
Ihr Metzger wird das sicher gerne für Sie übernehmen.

Fisch

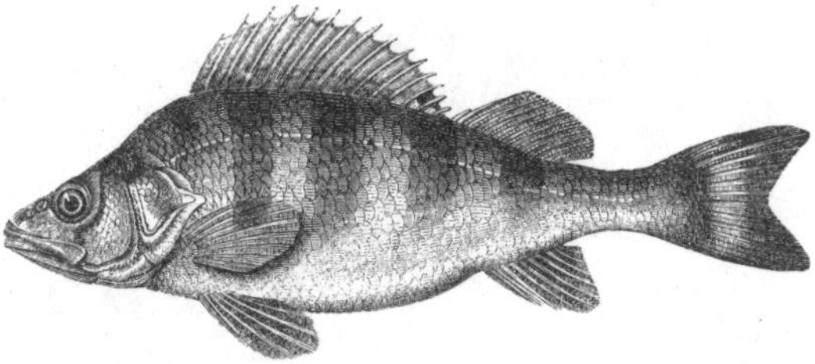

Forellenfilet im Papierpäckchen

Für 4 Personen
Zubereitungszeit: 45 Minuten
Brat- & Backzeit: 30 Minuten

Einkaufsliste/Zutaten

1 Zwiebel
1 Knoblauchzehe
2 rote Paprika
2 Tomaten
1 El frische Minze
1 El frischer Majoran
1 El Oreganoblättchen
4 Forellenfilets ohne Haut
3 El Olivenöl
Salz
Schwarzer Pfeffer aus der Mühle
120 g Schafkäse

Garnierung

Minzeblättchen

Vorküche

Zwiebel und Knoblauch schälen und fein würfeln. Paprika waschen, teilen, Häute und Kerne entfernen und längs in Streifen schneiden. Tomaten überbrühen, häuten, Kerne entfernen, das Fruchtfleisch grob hacken. Minze, Majoran und Oregano grob zerteilen. Fischfilets waschen und trocknen.

Zubereitung

Das Olivenöl in einer Pfanne erhitzen, die Zwiebelwürfel anbraten. Knoblauch und Paprika zufügen und einige Minuten dünsten. Tomaten und alle Kräuter dazugeben und erhitzen. Salzen und pfeffern und die Pfanne vom Herd nehmen. Aus Backpapier 4 esstellergroße Kreise ausschneiden. Je 1 El der Gemüsemischung auf eine Hälfte des Kreises setzen. Darauf das Filet legen und wieder 1 El Gemüsemischung darauf geben. Den Schafkäse zerbröseln und über alle 4 Päckchen verteilen. Den Backpapierkreis über der Füllung zusammenschlagen und die Ränder fest umkneifen. Die Päckchen auf ein Backblech legen und im vorgeheizten Backofen bei 180 °C etwa 25 Minuten backen.

Servieren

Die Fischpäckchen auf Teller legen, mit Minzeblättchen garnieren und die Päckchen erst bei Tisch aufreißen. Dazu schmecken Weißbrot und ein kühler Weißwein.

Merkzettel

Anstelle von Forellenfilet kann jedes andere Fischfilet verwendet werden.

Fischereintopf

Für 4 Personen
Zubereitungszeit: 30 Minuten
Brat- & Kochzeit: 45 Minuten

Einkaufsliste/Zutaten

2 Schalotten
2 Knoblauchzehen
2 Kartoffeln
800 g Fischfilet (Seelachs, Brasse, Butt)
8 Scheiben durchwachsener Speck
1 El Butter
½ Tl getrockneter Thymian
½ Tl Anissamen
450 g gehackte Tomaten (Dose)
200 ml Weißwein
400 ml Fischfond
Salz
Schwarzer Pfeffer aus der Mühle

Garnierung

Kerbelblättchen

Vorküche

Schalotten und Knoblauch schälen und fein würfeln. Kartoffeln schälen, waschen und würfeln. Fischfilets waschen, trocknen und in große Würfel schneiden.

Zubereitung

Eine große Pfanne ohne Fett erhitzen und darin die Speckscheiben leicht braten. Auf Küchenpapier abtropfen lassen. Die Butter in einem Topf schmelzen, die Zwiebelwürfel anbraten, Knoblauch, Thymian, Anissamen und Tomaten dazugeben und kurz dünsten. Mit Weißwein und Fischfond aufgießen. Bei mittlerer Hitze etwa 20 Minuten köcheln lassen. Nun die Kartoffelwürfel zufügen und 10 Minuten bei geschlossenem Topf garen. Zum Schluss kommen die Fischwürfel und der gebratene Speck in den Topf. Das Ganze ohne Deckel 5–8 Minuten gar ziehen lassen, aber nicht mehr kochen. Herzhaft mit Salz und Pfeffer würzen.

Servieren

Servieren Sie den Fischereintopf mit Kerbelblättchen bestreut. Dazu schmecken ein feines Baguette und ein Glas Weißwein.

Merkzettel

Fragen Sie Ihren Fischhändler, welche Fischfilets er im Angebot hat, denn für diesen Fischereintopf müssen es nicht die edelsten Fische sein.

Flussaalragout mit Fenchel

Für 4 Personen
Zubereitungszeit: 30 Minuten
Kochzeit: 30 Minuten

Einkaufsliste/Zutaten

800 g küchenfertig vorbereiteter Flussaal
4 Schalotten
2 Fenchelknollen
2 Bund Dill
80 g Speckwürfel
250 ml Weißwein
500 ml Gemüsebrühe
1 gehäufter El Senf
3 El Zitronensaft
1 Prise Zucker
Weißer Pfeffer aus der Mühle
Salz
200 ml saure Sahne

Garnierung

Einige Dillblättchen

Vorküche

Den Aal in 8 gleich große Stücke schneiden. Schalotten schälen und würfeln. Fenchelknollen putzen, halbieren, den harten Strunk entfernen und in feine Ringe schneiden. Dill waschen, trocknen und hacken.

Zubereitung

Den gewürfelten Speck in einer Pfanne auslassen. Die gewürfelten Schalotten zufügen und glasig werden lassen. Den Fenchel in die Pfanne geben und andünsten. Den gehackten Dill über den Pfanneninhalt streuen und unterrühren. Weißwein und Gemüsebrühe angießen. Senf, Zitronensaft und Zucker zufügen. Mit Pfeffer und Salz abschmecken und die Aalstücke auf das Gemüse legen. Den Deckel auf die Pfanne legen und bei mittlerer Hitze 15 Minuten köcheln lassen. Kurz vor dem Servieren die saure Sahne unterziehen.

Servieren

Die Aalstücke auf einer vorgewärmten Platte anrichten, mit Dillblättchen bestreuen. Fenchel separat dazu reichen und mit Salzkartoffeln zu Tisch bringen.

Merkzettel

Lassen Sie den Aal vom Fischhändler vorbereiten. Es ist nämlich nicht einfach, die Haut abzuziehen.

Bunter Fischauflauf

Für 8 Personen
Zubereitungszeit: 40 Minuten
Brat- & Backzeit: 35 Minuten

Einkaufsliste/Zutaten

5 Zwiebeln
500 g Champignons
500 g Tomaten
500 g Salatgurke
800 g Viktoriaseebarsch
150 g Matjesfilet
700 g mehlig kochende Kartoffel
1 El Butter
1 El gekörnte Gemüsebrühe
Weißer Pfeffer aus der Mühle
1 Tl Olivenöl
500 g saure Sahne
3 Eier
Saft von 1 Zitrone
1 El frisch gehackter Dill
2 El frisch gehackte Petersilie

Garnierung

Dill- & Petersilienblättchen

Vorküche

Zwiebeln schälen und würfeln. Champignons putzen und feinblättrig schneiden. Tomaten überbrühen, Kerne entfernen und grob hacken. Salatgurke schälen, längs teilen, Kerne entfernen und würfeln. Fische waschen, entgräten und würfeln.

Zubereitung

Die Kartoffeln 30 Minuten in der Schale garen. Unter kaltem Wasser abschrecken, pellen und über einer Schüssel in dünne Scheiben schneiden. Die Butter in einer beschichteten Pfanne zerlassen und die gewürfelten Zwiebeln darin glasig braten. Die Champignons zufügen und in der geschlossenen Pfanne 5 Minuten dünsten. Zusammen mit den Tomaten, Gurken, dem Viktoriaseebarsch und den Matjesfilets zu den Kartoffeln in die Schüssel füllen und alles gut vermischen. Mit der gekörnten Brühe und Pfeffer würzen. Eine große Auflaufform mit etwas Olivenöl einpinseln und die Mischung gleichmäßig darauf verteilen. Aus saurer Sahne, Eiern, Zitronensaft und den Kräutern eine Soße rühren und über die Kartoffelmasse gießen. Im auf 180 °C vorgeheizten Backofen 30 Minuten goldbraun backen.

Servieren

Servieren Sie den bunten Fischauflauf mit Dill- und Petersilienblättchen bestreut in der Form und genießen Sie dazu einen kühlen Weißwein.

Merkzettel

Werden anstelle von Matjesfilets Salzheringe verwendet, müssen diese wenigstens 2 Stunden wässern.

Eingelegte Heringe

Für 4 Personen
Zubereitungszeit: 20 Minuten (ohne Wartezeit)
Koch- & Bratzeit: ca. 20 Minuten

Einkaufsliste/Zutaten

8 küchenfertige grüne Heringe
Saft von ½ Zitrone
3 rote Zwiebeln
250 ml Essig
1 Tl Salz
10 Pfefferkörner
½ Tl Senfkörner
150 g Zucker
100 g Mehl
Öl zum Braten
5 Lorbeerblätter

Garnierung

Einige Dillzweige

Vorküche

Die Heringe waschen, trocknen, innen und außen mit Zitronensaft beträufeln. Zwiebeln schälen und in dünne Ringe schneiden.

Zubereitung

500 ml Wasser mit Essig, Salz, Pfefferkörnern, Senfkörnern und Zucker zum Kochen bringen. Wenn sich der Zucker aufgelöst hat, 250 ml kaltes Wasser angießen und den Sud auskühlen lassen. Das Mehl auf einen Teller geben und die Fische darin von allen Seiten wenden. Öl in einer großen Pfanne erhitzen und die Fische darin von beiden Seiten etwa 5 Minuten braten. Die Heringe in ein ausreichend großes Gefäß legen, mit Zwiebelringen und Lorbeerblättern belegen und den abgekühlten Sud darüber gießen. Das Gefäß mit Klarsichtfolie verschließen und die Heringe über Nacht marinieren.

Servieren

Bringen Sie die marinierten Heringe mit einigen Dillzweigen garniert zu Tisch. Reichen Sie dazu frische Bratkartoffeln und einen Salat.

Merkzettel

Bleiben die Bratheringe von der Marinade bedeckt, halten sie sich im Kühlschrank einige Tage frisch.

Makrelen in Wacholderbeize

Für 4 Personen
Zubereitungszeit: 40 Minuten (ohne Wartezeit)

Einkaufsliste/Zutaten

8 frische Makrelenfilets
1 El Wacholderbeeren
1 El Fleur de Sel (grobes Meersalz)
1 El schwarze Pfefferkörner
1 Prise Zucker

Garnierung

Einige Zitronenscheiben

Vorküche

Die Makrelenfilets gründlich entgräten, waschen und trockentupfen.

Zubereitung

Wacholderbeeren, Salz, Pfefferkörner und Zucker in einen großen Mörser geben und grob zerstoßen. 4 Makrelenfilets mit der Hautseite nach unten in eine Auflaufform legen. Darauf den Mörserinhalt verteilen und die 4 restlichen Filets mit der Hautseite nach oben darauf legen. Mit einem großen Bogen Klarsichtfolie locker belegen. Ein passendes Holzbrett auf die Filets drücken, eventuell mit einer Konserve beschweren. Die überstehenden Folienseiten um die Makrelenfilets drücken. So verpackt im Kühlschrank 24 Stunden ruhen lassen.

Servieren

Zum Servieren die Filets schräg mit einem biegsamen, scharfen Messer von der Haut schneiden. Mit Zitronenscheiben garniert und frischem Baguette zu Tisch bringen.

Merkzettel

Trocken gebeizte Makrelenfilets halten sich im Kühlschrank, gut in Folie verpackt, mehrere Tage. Auf die gleiche Art können Sie auch Lachsfilets beizen. Dann heißt er „Graved Lachs“.

Desserts

Zimtäpfel mit Nusskruste

Für 4–6 Personen
Zubereitungszeit: 40 Minuten
Backzeit: 1 Stunde

Einkaufsliste/Zutaten

1 kg Cox Orange
1 Zitrone
170 g weiche Butter
100 g Rohrzucker
100 g Mehl
1 Prise Salz
¼ Tl Muskatnuss
½ Tl gemahlener Kardamom
½ Tl gemahlener Zimt
50 g gehackte Walnüsse
50 g gehackte Haselnüsse

Garnierung

Zimt

Vorküche

Die Äpfel schälen, das Kerngehäuse entfernen und in Spalten schneiden. Die Zitrone gründlich waschen, die Schale abreiben, den Saft auspressen und beides über die Apfelspalten geben.

Zubereitung

Eine Auflaufform mit 10 g Butter ausreiben und die Äpfel darin verteilen. Rohrzucker, Mehl und alle Gewürze miteinander vermischen. Die restliche Butter dazugeben und so lange vermischen, bis eine krümelige Masse entsteht. Jetzt die Nüsse unterheben und diese Mischung gleichmäßig auf den Äpfeln verteilen. Mit Alufolie abdecken und in den auf 180 °C vorgeheizten Backofen schieben. Nach 30 Minuten die Alufolie abnehmen und weitere 30 Minuten backen. Die Äpfel müssen weich und die Kruste knusprig sein.

Servieren

Die noch warme Apfelspeise auf Portionsteller anrichten und mit Zimt bestreut servieren.

Merkzettel

Für diese Apfelspeise sollten Sie nur mürbe Äpfel verwenden. Cox Orange oder Boskop eignen sich besonders gut dafür.

Melonensalat mit Minze

Für 4 Personen
Zubereitungszeit: 40 Minuten (ohne Wartezeit)

Einkaufsliste/Zutaten

2 kleine Honigmelonen
½ Salatgurke
8 Cocktailtomaten
4 El Kürbiskernöl
2 El Weißweinessig
Salz
Weißer Pfeffer aus der Mühle
1 Prise Zucker
2 El gehackte Petersilie
1 El Schnittlauchröllchen
½ Tasse Minzeblättchen

Vorküche

Die Melonen und die Gurke längs halbieren, die Kerne entfernen und mit einem Kugelausstecher das Fruchtfleisch in schönen Kugeln herausschneiden. In eine Schüssel füllen und abdecken. Die Melonenschalenhälften im Kühlschrank aufbewahren. Die Cocktailtomaten waschen und vierteln.

Zubereitung

Melonenkugeln, Gurkenkugeln und Tomaten in einer Schüssel vermischen. Aus Öl, Essig, Salz, Pfeffer und Zucker ein Salatdressing zubereiten und über den Schüsselinhalt gießen. Den Salat etwa 3 Stunden im Kühlschrank ziehen lassen.

Servieren

Den Salat mit den frischen Kräutern vermischen und in den Melonenhälften mit Minzeblättchen garniert servieren.

Merkzettel

Kürbiskernöl ist sehr intensiv und kommt in diesem fruchtigen Melonensalat besonders gut zur Geltung.

Kürbisauflauf

Für 6–8 Personen
Zubereitungszeit: 30 Minuten
Koch- & Backzeit: 70 Minuten

Einkaufsliste/Zutaten

700 g Kürbis
2 Eier
200 ml Sahne
180 g Rohrzucker
1 Eigelb
1 Prise Salz
1 Tl gemahlener Zimt
½ Tl Ingwerpulver
Frisch geriebene Muskatnuss
Puderzucker

Vorküche

Den Kürbis schälen, Kerne und Fasern entfernen und in Würfel schneiden. Die Eier trennen und das Eiweiß sehr steif schlagen. Die Sahne ebenfalls sehr steif schlagen.

Zubereitung

Den Kürbis in einen Topf füllen und so viel Wasser angießen, dass er gerade bedeckt ist. Zum Kochen bringen und auf mittlerer Flamme in etwa 20 Minuten gar kochen. Abgießen und auskühlen lassen. In der Küchenmaschine pürieren und mit Zucker, drei Eigelben und den ewürzen verrühren. Die Schlagsahne unterheben, anschließend den Eischnee löffelweise vorsichtig unterheben. In eine gebutterte runde, hohe Auflaufform füllen und im auf 190 °C vorgeheizten Backofen etwa 45 Minuten backen. Die Oberfläche soll eine schöne Bräune haben.

Servieren

Servieren Sie den Kürbisauflauf mit Puderzucker bestreut in der Form.

Merkzettel

Für diesen Auflauf sollten Sie einen Hokkaido, den kleinen Speisekürbis, verwenden.

Ingwerkuchen

Für eine rechteckige Kastenform
Zubereitungszeit: 30 Minuten
Backzeit: ca. 1 Stunde

Einkaufsliste/Zutaten

230 g Mehl
1 Prise Salz
1 Tl Natron
2 Tl gemahlener Ingwer
1 ½ Tl gemahlener Piment
Fett für die Form
Backpapier
120 g Butter
230 g Zuckerrübensirup (Rübenkraut)
50 g Rohrzucker
2 Eier
120 ml Milch
120 g Rosinen
10 El Puderzucker
3 El Zitronensaft

Garnierung

Puderzucker

Vorküche

Das Mehl in eine Schüssel sieben, Salz, Natron und die Gewürze dazugeben und vermischen. Die Backform fetten und mit Backpapier auslegen.

Zubereitung

Butter, Zuckerrübensirup und Rohrzucker in einem Topf so lange erwärmen, bis sich der Rohrzucker aufgelöst und alles miteinander verbunden hat. Abkühlen lassen. In die Mehlmitte eine Mulde drücken. Den abgekühlten Topfinhalt mit den verquirlten Eiern und der Milch in die Mulde gießen und mit den Knethaken vom Mixer glatt rühren. Die Rosinen unterheben und den fertigen Teig in die vorbereitete Backform füllen, glatt streichen und im vorgeheizten Backofen bei 190 °C etwa 1 Stunde backen. Mit einem Holzstäbchen den Gartest machen. Bleibt noch Teig am Stäbchen kleben, muss der Kuchen weitere 5–8 Minuten backen. In der Form etwas abkühlen lassen, auf ein Kuchengitter stürzen und vollständig auskühlen lassen. Für die Glasur den Puderzucker in ein Gefäß sieben und löffelweise den Zitronensaft dazugeben. Die Glasur sollte eine dickflüssige Konsistenz haben. Die Glasur über den Kuchen gießen und erstarren lassen.

Servieren

Setzen Sie den Ingwerkuchen auf eine längliche Kuchenplatte und bestreuen Sie ihn mit etwas Puderzucker.

Merkzettel

Ingwerkuchen sollte nach dem Backen 2 Tage in einer gut schließenden Dose aufbewahrt werden. Erst dann haben sich alle Aromen voll entwickelt.

Küsse aus dem Morgenland

Ergibt etwa 50 Stück
Zubereitungszeit: 30 Minuten
Backzeit: je Backblech ca. 20 Minuten

Einkaufsliste/Zutaten

250 g Weizenmehl
2 Tl Backpulver
Je ½ Tl gemahlener Ingwer, Kardamom, Muskat, Piment, Zimt
1 Prise Salz
Schwarzer Pfeffer aus der Mühle
230 g Butter
100 g Rohrzucker
1 Tütchen Vanillinzucker
Abgeriebene Schale von 1 unbehandelten Zitrone
7 El Sahne
80 g gemahlene Mandeln

Garnierung

Kakao

Vorküche

Das Mehl mit Backpulver, allen Gewürzen, Salz und Pfeffer aus 3 Umdrehungen der Mühle vermischen.

Zubereitung

Butter, Rohr- und Vanillinzucker mit der Zitronenschale in einer großen Schüssel mit dem Handmixer aufschlagen. Die Mehlmischung im Wechsel mit der Sahne esslöffelweise dazugeben. Zum Schluss die gemahlenen Mandeln unterheben. Mit einem Teelöffel und etwas angefeuchteten Händen aus dem Teig kleine Kugeln formen und auf mit Backpapier ausgelegte Backbleche setzen. Je Blech etwa 15 Kugeln. Im auf 180 °C vorgeheizten Backofen etwa 20 Minuten backen. Die Unterseite der Kugeln sollte goldbraun sein. Auf einem Küchengitter auskühlen lassen.

Servieren

Die Küsse aus dem Morgenland auf einer Kuchenplatte anrichten und mit Kakao bestreut servieren.

Merkzettel

Die Küsse aus dem Morgenland passen gut in die Weihnachtsbäckerei.

Schwarzer Milchpudding

Für 4 Personen
Zubereitungszeit: 15 Minuten
Koch- & Backzeit: ca. 1 ½ Stunden

Einkaufsliste/Zutaten

1 l Vollmilch
50 g Hartweizengrieß
1 Prise Salz
1 Msp. Ingwerpulver
1 Tl Zimtpulver
50 g Butter
1 Tasse Zuckerrübensirup (Rübenkraut)
2 Eier

Garnierung

Gehobelte weiße Schokolade

Vorküche

Die Milch erwärmen.

Zubereitung

Wenn die Milch warm ist, Grieß, Salz, Ingwer und Zimt einrühren und auf kleiner Flamme etwa 30 Minuten zu einer dicklichen Soße aufkochen lassen. Den Topf vom Herd nehmen, etwas abkühlen lassen, Butter, Zuckerrübensirup und die verquirlten Eier unterrühren. Die Mischung in eine gebutterte Auflaufform gießen und im vorgeheizten Backofen bei 180 °C 1 Stunde backen.

Servieren

Den Pudding mit weißen Schokoladenspänen garniert lauwarm servieren.

Merkzettel

Wer mag, reicht Schlagsahne zum schwarzen Milchpudding.

Das Kräuter-ABC

Basilikum – Ocimum basilicum

Die einjährige Pflanze ist leider sehr kälteempfindlich. Sie sollte nicht vor Mai in den Garten gepflanzt werden. Ihr aromatischer Geschmack verleiht vielen Gerichten der Mittelmeerküche eine ganz besondere Note. In der Traditionellen Chinesischen Medizin (TCM) schreibt man ihr Linderung bei schmerzendem Magen und Darm zu. Zusätzlich soll sie den Harnfluss erhöhen.

Beifuß – Artemisia vulgaris

Dieses Würzkraut wird auch Gänsekraut genannt, denn es macht den fetten Gänsebraten und üppiges Essen bekömmlicher. Beifuß wächst überall in unseren Breiten an Wiesen- und Wegränderr Es würzt auch Ente, Schwein und Hammel und passt wunderbar in Kohl- und Kartoffelgerichte.

Borretsch – Borago officinalis

Mit ihren hübschen azurblauen Sternblüten kann diese einjährige Nutzpflanze mit jeder Zierpflanz konkurrieren. Diese kleine, häufig auch Gurkenkraut genannte Pflanze stammt aus dem Mittleren Osten. Von den Arabern einst nach Spanien gebracht, findet sie sich heute in ganz Europa. Borretsc benötigt viel Sonne und einen feuchten und nährstoffreichen Boden. Die frischen, mineralstoffreichen Blätter verfeinern Salate und Suppen. Die essbaren Blüten sind sehr dekorativ und erheben jeden Salat in die Königsklasse. Der aus getrockneten Pflanzen hergestellte Tee wirkt blutreinigend und schleimlösend.

Beinwell – Symphytum officinale

Dieses Kraut ist ein Verwandter des Borretschs und wird ebenso verwendet.

Bohnenkraut – Satureja hortensis

Dieses würzige Kraut kommt aus dem Mittelmeerraum. Bis zum Winterbeginn kann es ständig geerntet werden. Eingefroren oder getrocknet behält es sein feines Aroma. Sonnig bis halbschattig sollte der Standort sein. Bohnenkraut benötigt wenig Wasser, und Staunässe sollte vermieden werde Es verfeinert viele Eintopfgerichte und macht Hülsenfrüchte besser verdaulich. Der aus den Trieben gepresste Saft wirkt blutreinigend und harntreibend.

Dill – Anethum graveolens

Dill wird auf der ganzen Welt angebaut. Die einjährige Pflanze zeigt zwischen Juni und August ihre zartgrünen, gefiederten Blüten. Die Pflanze braucht lockere, feuchte Erde und einen sonnigen windgeschützten Standort. Vom Frühjahr bis in den Spätsommer wird Dillsamen im Abstand von 3–4 Wochen in das Pflanzgefäß gesät, um ständig frische Blätter zu erhalten. Mit Dill würzt man Salate, Quark-, Fisch- und Fleischspeisen und verwendet ihn zum Einlegen von Gurken. Er soll die Abwehrkräfte steigern und bei Magenverstimmungen lindernd wirken.

Engelwurz – Angelica officinalis

Zur Familie der Petersilie gehörend, stammt der Engelwurz aus Nordeuropa. Die Pflanze ist anspruchslos und wächst sogar im Schatten. Die Blätter werden wie Petersilie verwendet. Der Pflanzenstängel wird kandiert und findet in Backwaren seine Verwendung.

Estragon – Artemisia dracunculus

Estragon ist ein sehr aromatisches Kraut, das mit Wermut verwandt ist. Die mehrjährige, aber frostempfindliche Pflanze bildet unterirdische Ausläufer, aus denen jedes Jahr beblätterte Stängel austreiben. Die hellgrünen, aromatischen Blättchen können bis in den Spätherbst geerntet werden. Die Pflanze liebt sonnige, windgeschützte Lagen und benötigt kalkhaltigen, humosen Boden. Der Wurzelballen sollte stets feucht sein, aber Staunässe muss vermieden werden. Der Strauch wird im Winter abgedeckt und im Frühjahr zurückgeschnitten. Die Pflanze wird durch Ausläufer oder Teilung vermehrt. Mit Estragonblättern würzt man Sauce Béarnaise, Hollandaise, Poulet à l'estragon, Kräuterbutter, Suppen, Fisch- und Wildgerichte sowie Salate. Er verleiht Essig eine besondere Note. Die Blätter sind zudem harntreibend und fördern die Verdauung.

Fenchel – Foeniculum vulgare

Fenchel ist ein hohe, in Südeuropa beheimatete Pflanze. Sie verfügt über gefiederte Blätter und gelben Samen. Fenchel muss regelmäßig gegossen werden, da sonst die Knollen verholzen. Er benötigt fruchtbare, durchlässige Erde und einen sonnigen, geschützten Standort. Die Blätter können in Salaten und Füllungen verwendet werden, die Knollen werden als Gemüse zubereitet. In der provenzalischen Küche werden Barben und Brassen oft auf einem Bett aus getrockneten Fenchelstängeln zubereitet. Die Samen haben einen ausgeprägten Lakritzgeschmack.

Hopfen – Humulus lupulus

Bekannt und beliebt als Bierwürze sind die Hopfenblüten, die Blüten einer rebenartigen, in Europa beheimateten Pflanze. Hopfen wird auf großen Stangengestellen auf freiem Feld gezogen. Die jungen Triebe werden als Gemüse verwendet und können auch als Salat angerichtet werden. Mit Hopfen ausgestopfte Kopfkissen oder Hopfentee sollen entspannend und einschläfernd wirken.

Kamille – Anthemis nobilis

Eine den Gänseblümchen ähnliche Pflanze. Vollkommen anspruchslos wächst sie überall. Aus den getrockneten Blättern und Blüten bereitet man den Kamillentee zu. Der hat eine entspannende Wirkung bei Magen- und Darmbeschwerden.

Kapuzinerkresse – Tropaeolum majus

Diese wegen ihrer dekorativen Optik gezüchtete Pflanze kommt aus Peru. Vollkommen anspruchslos wächst und rankt sie überall. Die leuchtend orangefarbenen und roten Blüten und die nach Pfeffer schmeckenden Blätter finden in Salaten ihre Bestimmung. Die Samenhülsen kann man in einer Salzlake einlegen und wie Kapern verwenden.

Kerbel – Anthriscus cerefolium

In Südrussland und im Mittleren Osten beheimatet, gilt diese der Petersilie ähnliche Pflanze mit gefiederten Blättern als eines der feinsten Kräuter in der modernen Küche. Kerbel schätzt nährstoffreiche, durchlässige Erde und einen halbschattigen oder schattigen Standort. Er benötigt regelmäßig Wasser. Mit Kerbel verfeinert man Salate, Quark, Kräuterbutter und Eiergerichte. Kerbel kann gefroren gelagert werden. Getrocknet verliert sich sein Aroma.

Koriander – Coriandrum sativum

Dieses alte, zur Familie der Karotten gehörende Kraut ist im Mittelmeerraum und im Kaukasus zu Hause. Koriander wird in Lateinamerika und auf chinesischen Märkten unter dem Namen Chinesische Petersilie geführt. Die Samen werden zu Curry und zum Würzen alkoholischer Getränk (Gin) genommen. Korianderwurzeln sind in der thailändischen Küche sehr beliebt.

Liebstöckel – Levisticum officinale

Liebstöckel ist eine große, sellerieartige Pflanze. Sie stellt keine großen Ansprüche an den Boden oder Standort. Regelmäßiges Gießen ist das Einzige, was sie verlangt. Man verwendet die ganze Pflanze. Stängel und Wurzel können wie Sellerie verwendet werden. Blätter, Wurzeln und Samen können in Salaten, Suppen und Soßen eingesetzt werden.

Majoran – Origanum majorana

Der Majoran ist ein typisches Mittelmeergewürz. In leichter, humoser und kalkhaltiger Erde gedeiht er an einem sonnigen, geschützten Standort. Junge Pflanzen müssen täglich gegossen werden, dabei darf aber keine Staunässe entstehen. Ältere Pflanzen benötigen nicht mehr so viel Wasser. Im Winter sollte er abgedeckt werden oder je nach Region zum Überwintern in einen kühlen Raum gestellt werden. Man sagt ihm eine blutreinigende Wirkung nach. Seine ätherischen Öle wirken sich positiv und stärkend auf das Nervensystem aus. Majoran wirkt ausgleichend auf den Säure-/Basengehalt des Gartenbodens.

Oregano – Origanum vulgare

Dieses aromatische Kraut ist den meisten als Pizzagewürz bekannt und gedeiht auch in unseren Breiten mehrjährig. Die Pflanze lässt sich durch Teilung vermehren, kann aber auch im Frühjahr ausgesät werden. Sie bevorzugt einen sonnigen Standort und humose, feinkrümelige Erde. Oregano benötigt wenig Wasser, und gedüngt wird erst nach der Vegetationsperiode. Im Winter muss das Kraut abgedeckt werden oder in einem kühlen Raum stehen. Im Frühjahr ist ein starker Rückschnitt erforderlich, um den Austrieb zu fördern.

Petersilie – Petroselinum crispum

Petersilie gibt es als glatte und krause Pflanze. Der zweijährigen Pflanze werden Abwehr steigernde Kräfte nachgesagt, und sie ist eine Wohltat für Herz und Blase. Der aromatische Duft ist für viele Insekten ein Gräuel. Sie bevorzugt einen halbschattigen Platz und nährstoffreiche, humose Erde. Die Wurzeln sollten stets feucht, aber nicht nass gehalten werden. Petersilie würzt Soßen, Salate und passt gut zu Fisch.

Pfefferminze – Mentha x piperita

Pfefferminze ist in ganz Europa verbreitet. Der Einsatz der Pflanze reicht von der Küche bis in den medizinischen Bereich. Das ätherische Öl der Pflanze wird für die Mundhygiene eingesetzt. Der aus ihren getrockneten Blättern gewonnene Tee wird seit alters her gegen Erkältung, Krämpfe und Übelkeit eingesetzt. Da die Pflanze sehr ausbreitungsfreudig ist, sollte sie im Topf gehalten werden. Sie liebt feuchten Boden und viel Sonne.

Pimpinelle – Pimpinella saxifraga

Die Pimpinelle ähnelt in ihrem Geschmack sehr stark dem Borretsch und kann genau wie dieser eingesetzt werden. Die Pflanze benötigt viel Sonne und einen feuchten und nährstoffreichen Boden. Die frischen, mineralstoffreichen Blätter verfeinern Salate und Suppen. Die jungen Blätter schmecken frisch am besten.

Rosmarin – Rosmarinus officinalis

Aus dem Mittelmeerraum stammend, findet man die Pflanze in ganz Europa. Die harten, spitzen, nadelförmigen Blätter enthalten Kampferöl und werden zum Würzen von Lammfleisch, Geflügel und Wild verwendet. Als Bestandteil von Kräuterwein oder Schnaps soll Rosmarin gegen Gallen-, Magen- und Darmbeschwerden helfen. Im Kübel gehalten, schätzt die Pflanze einen hellen, vollsonnigen Standort und möchte wenig gegossen werden. Zum Überwintern sollte sie in einen kühlen Raum gestellt werden.

Salbei – Salvia officinalis

Salbei ist unkompliziert und übersteht auch trockene Perioden ohne große Verstimmung. Steht er in leichtem, trockenem Boden in praller Sonne und wird regelmäßig gegossen, entwickelt er sich prächtig. Seinen graugrünen, flaumigen Blättern entweicht bei leisester Berührung ein hoch aromatischer Duft. Salbei lässt sich vielseitig einsetzen. Getrocknet in kleinen Duftkissen, reinigt er die Luft. Er ist antiseptisch und wirkt laxierend. In der Antike wurde er als Allheilmittel zur Entzündungs- und Wundheilung eingesetzt. Als Teeaufguss lindert er Husten und Heiserkeit. In vielen Speisen ist er ein enormer Geschmacksträger.

Schnittlauch – Allium schoenoprasum

Der Schnittlauch gehört zur Familie der Zwiebeln. Die schlanken, feinen Stängel werden in Salaten, Soßen, Rühreiern und Omelettes fein gehackt verwendet. Die Pflanze ist winterhart und wächst bevorzugt in nährstoffreicher, kalkhaltiger Erde. Regelmäßig gegossen, ohne Staunässe wächst er bis in den späten Herbst. Im Frühjahr und im Herbst kann er durch Teilung vermehrt werden. Schnittlauch ist Vitamin-C-haltig und wirkt laxierend.

Thymian – Thymus vulgaris

Der Thymian ist eines der populärsten und berühmtesten Gartenkräuter. Die Staude mit den olivgrünen, schmalen Blättern steigert beim Menschen die Abwehrkräfte und bringt Linderung bei Husten und Heiserkeit. Sein Duft wirkt auf viele Insekten abschreckend und hält ihr Aufkommen im Garten unter Kontrolle. In der Küche ist er vielseitig einsetzbar. Er bevorzugt lehmig-humosen Boden und benötigt kaum Wasser. Achten Sie beim Kauf der Pflanze darauf, dass es sich um winterharten Thymian handelt. Die Sorten aus dem Mittelmeerraum müssen zum Überwintern in einen kühlen Raum gestellt werden.

Zitronenmelisse – Melissa officinalis

Ihren Namen verdankt die Staude dem intensiven Zitronenduft ihrer Blätter. Sie liebt einen warmen, sonnigen Standort, und die Erde sollte nährstoffreich und gut durchlässig sein. Regelmäßige kleine Wassergaben verträgt sie am besten. Zum Überwintern abschneiden und abdecken. Sie lässt sich durch Teilung oder Stecklinge vermehren. Diese Staude gehört zu den Pflanzen, die das Immunsystem stärken. Zusätzlich wirken ihre Inhaltsstoffe beruhigend und ausgleichend. Zitronenmelisse ist ein wahrer Muntermacher. Zwischen den Händen zerrieben, belebt sie mit ihrem Duft Geist und Körper.

Das Gewürz-ABC

Das A und O der Gewürzlagerung ist, dass sie trocken und dunkel aufbewahrt werden

Anis – Pimpinella anisum

Anis gibt es als ganzen Samen oder in gemahlener Form. Er wird wegen der Samen gezüchtet. Sein Geschmack ist süß, und Anis wird in Alkoholika wie Pastis, Raki oder Pernod verarbeitet. Er findet Verwendung in Fischsuppen, Weihnachtsgebäck und in orientalischen Speisen.

Anispfeffer/Szechuanpfeffer – Zanthoxylum piperitum

Die getrockneten Beeren eines in China heimischen Baumes haben einen pfefferartigen Geschmack und werden in der chinesischen Küche verwendet.

Cayennepfeffer – Capsicum Frutescens

Er wird aus einer roten Chilischote hergestellt, die angeblich aus Cayenne in Französisch-Guayana stammt. Dem handelsüblichen Cayennepulver werden oft noch andere Samen, Salz und Gewürze zugegeben. Er ist sehr scharf und sollte sehr sparsam verwendet werden.

Ingwer – Zingiber officinale

Ingwer ist in Südostasien heimisch. Das Gewürz wird aus dem Wurzelstock gewonnen und in frischer Wurzel-, Pulver- oder eingelegter Form angeboten. Es passt zur Chinaküche, Geflügel- oder Fleischgerichten, Fruchtsalaten und Gebäck.

Kaper – Capparis spinosa

Kapern werden in Salzwasser oder in Essig eingelegt. Die Lake muss bis zum Schluss die Kapern bedecken. Verwendung finden sie in säuerlichen Soßen, Fischsalaten, Tatar, Fleischspeisen und Kräuterquark. Die Qualität richtet sich nach der Größe der Kaper. Die pikantesten und teuersten sind die südfranzösischen Nonpareilles. Das sind kleine, feste, runde Kapern.

Kardamom – Elettaria cardamonum

Es gibt diverse Arten dieser aromatischen Schote – grüne, weiße und schwarze –, die eine Anzahl kleiner Samen enthalten. Kardamom ist nach Safran das teuerste Gewürz der Welt. Es verleiht Reisgerichten, Hefe- und Weihnachtsgebäck ein besonderes Aroma und ist in Schoten und in Samenform erhältlich.

Koriander – Coriander sativum

Die Blätter werden als Kraut, die Samen als Gewürz verwendet. Sie sind im Geschmack recht verschieden. Koriander ist ein Hauptbestandteil von Currypasten und -pulvern. Es wird für Lamm- und Schweinefleisch, Eingelegtes, Marinaden und in der griechischen Küche verwendet.

Kümmel – Carum carvi

Beliebt in ganz Europa, wo die Samen zum Backen, zur Käseherstellung, für Kohl- und Eintopfgerichte, Hammelfleisch und Rote Beete Verwendung finden.

Kreuzkümmel – Cuminum cyminum

Er ähnelt den Samen des gemeinen Kümmels, hat aber einen durchdringenden, kräftigeren Geschmack. Er wird in Currys, Fleischgerichten und als Einlegegewürz in Marinaden geschätzt.

Kurkuma – Curcuma longa

n hellgelbes Gewürz, das aus den Wurzelstücken eines in Südostasien beheimateten Liliengewächses gewonnen wird. Dieses Gewürz ist nicht teuer und wird in Currymischungen verwendet. Es ist als Pulver oder als getrocknete Wurzel erhältlich.

Lorbeerblätter – Laurus nobilis

Lorbeerblätter werden meist getrocknet angeboten. Intensiver im Aroma sind die frischen Blätter. Im Kübel gepflanzt, wächst er auch in unserem Breitengrad. Er schmeckt hervorragend zu Soßen, Suppen, Braten, Fleisch- und Fischbrühe, Wildgerichten und Reis. Er entfaltet sein Aroma in diversen Marinaden wie z. B. sauren Gurken, Heringen und Sauerbraten. Lorbeerblätter werden mitgekocht und danach entfernt.

Meerrettich – Armoracia rusticana

Die scharfriechende Wurzel der Pflanze wird gerieben oder getrocknet verkauft. Meist dient sie als Grundlage für die typische Meerrettichsoße, die gewöhnlich zu gekochtem Rindfleisch (Tafelspitz) oder zu Roastbeef gereicht wird.

Mohn – Papaver somniferum

Die Samen des Schlafmohns sind grau (bei einigen Arten gelb), enthalten aber kein süchtig machendes Alkaloid. Mohn wird in vielen Backwaren und ganz besonders als Füllungen für Kuchen und Kleingebäck, wie die jüdischen Hamantaschen, geschätzt.

Muskatnuss, Muskatblüte – Mazis, Myristica fragrans

Muskatnuss ist der getrocknete Samen der Frucht eines immergrünen, in Südostasien beheimateten Baumes. Der Samen hat eine netzartige Schale (Mazis), die fälschlicherweise mit Muskatblüte zeichnet wird. In Aroma und Geschmack sehr ähnlich, wird der Samen gerieben für süße Gerichte verwendet, während die Muskatblüte für Eingelegtes und pikante Gerichte verwendet wird. Die uskatnuss passt hervorragend zu Hackfleisch, Kartoffelpüree, Gemüse, Käsegerichten und Gebäck.

Nelken – Eugenia caryophyllata

Nelken sind harte, getrocknete Blütenknospen, die ein sehr starkes Aroma haben. Sie enthalten ein essenzielles Öl, das im Mundraum Entzündungen lindert. In der Küche eignet es sich zu Braten, Fisch- und Fleischmarinaden und würzt Rotkohl und Kompott. Es entfaltet sein Aroma in Glühwei oder Weihnachtsgebäck.

Paprika – Capsicum tetragonum

Ein kräftig rotes Gewürzpulver, das aus verschiedenen Sorten von Paprikaschoten hergestellt wird. Bekannt ist es als das Nationalgewürz Ungarns, doch auch in Spanien wird eine Variante hergestell die Pimentón heißt. Es wird zur Zubereitung von Gulasch, Soßen, Fleisch- und Hühnergerichten, Cremesuppen und Weichkäse verwendet.

Pfeffer – Piper

Ganze Körner, schwarz und weiß getrocknet. Im Glas wird der grüne Pfeffer in einer Lake angeboten. Er eignet sich für Soßen, in denen die Körner ganz bleiben. Schwarzer und weißer Pfeff werden in der Pfeffermühle frisch gemahlen über die Speisen gestreut. Er ist würzig und scharf und passt zu allen herzhaften Gerichten.

Safran – Crocus sativus

Safran (eine Krokusart) ist das teuerste Gewürz der Welt. Für ein Pfund Safran müssen 100 000 Blütennaben gepflügt werden. Verwendung in der Küche findet er in der Bouillabaisse und in der Paella. Er verleiht Reisgerichten einen unglaublichen Duft und gibt den Gerichten eine sanfte gelbe Farbe.

Senfkörner – Sinapis alba

Senfkörner eignen sich vorzüglich zur Herstellung von würzigen Marinaden. Aus gemahlenen Senfkörnern und anderen Zutaten wird Senfpaste hergestellt. Mitgekocht verleihen Senfkörner Soßen und Suppen eine feine Schärfe.

Vanille – Vanilla planifolia

Mit den behandelten Fruchtschoten der Vanille werden Konfekt, Pudding, Süßspeisen, Eis und Backwaren aromatisiert. Die Vanilleschote wird aufgeschlitzt und ihr Mark ausgekratzt. Die Schote in ein Glas mit Haushaltszucker füllen. Sie aromatisiert den Zucker.

Wacholderbeeren – Juniperus communis
Der in der nördlichen Hemisphäre beheimatete Wacholder wird zum Würzen von Gin, Wild, Schweinefleisch, Sauerkraut und eingelegten Heringen verwendet.

Zimt – Cinnamomum zeylanicum
Zimt gehört zur Familie der Lorbeergewächse und stammt aus Indien. Verwendet wird seine Rinde, die gemahlen oder in Stangen angeboten wird. Zimt wird nicht nur zum Backen und für Desserts verwendet. Er verleiht mit seinem betörenden Aroma Reis-, Fisch- und Hühnergerichten eine exotische Note.

Register